O QUE VOCÊ PRECISA *Realmente* SABER SOBRE

O FUTURO DA AVALIAÇÃO DE DESEMPENHO

Rogerio Leme e Renan Sinachi

O QUE VOCÊ PRECISA ~~SABER~~ Realmente SOBRE

O FUTURO DA AVALIAÇÃO DE DESEMPENHO

Copyright© 2017 by Rogerio Leme e Renan Sinachi

Todos os direitos desta edição reservados à Qualitymark Editora Ltda. É proibida a duplicação ou reprodução deste volume, ou parte do mesmo, sob qualquer meio, sem autorização expressa da Editora.

Direção Editorial	Produção Editorial
SAIDUL RAHMAN MAHOMED editor@qualitymark.com.br	**EQUIPE QUALITYMARK**
Capa	Editoração Eletrônica
DENIS DE MARCHI SINACHI	**PS DESIGNER**

CIP-Brasil. Catalogação na fonte
Sindicato Nacional dos Editores de Livros, RJ

L569q

    Leme, Rogerio
    O que você precisa realmente saber sobre o futuro da avaliação de desempenho / Rogerio Leme, Renan Sinachi. – 1. ed. – Rio de Janeiro : Qualitymark Editora, 2017.
    168p. : il. ; 23 cm.

    Inclui bibliografia
    ISBN 978-85-414-0324-5

    1. Desempenho – Avaliação. 2. Padrões de desempenho. 3. Pessoal – Avaliação. 4. Administração de pessoal. I. Sinachi, Renan. II. Título.

17-43744
    CDD: 658.3125
    CDU: 005.962.13

2017
IMPRESSO NO BRASIL

Qualitymark Editora Ltda.
Rua Teixeira Júnior, 441 – São Cristóvão
20921-405 – Rio de Janeiro – RJ
Tel.: (21) 3295-9800
www.qualitymark.com.br
E-mail: quality@qualitymark.com.br
Fax: (21) 3295-9824

Sumário

Dedicatória de Rogerio Leme IX

Dedicatória de Renan Sinachi XI

Introdução XIII

CAPÍTULO 1 – Desafio: Não Sabemos
o que Estamos Criticando 1
1.1 Conceito de Avaliação de Desempenho 2
1.2 Conceito de Avaliação de Competências 2
1.3 Conceito de Resultados 3
1.4 Competência x Resultados 3
1.5 Competência x Desempenho x Resultados 4
1.6 Análises Complementares 5

CAPÍTULO 2 – A Avaliação de Desempenho está Morta ou a
Aplicação dos Conceitos na Prática está Equivocada? 7
2.1. Avaliação ou Rotulagem? 9
2.2 Calibragem ou adulteração da avaliação? 12
2.3. Forma errônea de utilização da Matriz *Nine Box* 13
2.4. Por que as avaliações não refletem a real
contribuição do indivíduo para a organização? 16
2.5. Avaliação demorada e burocrática! Por quê? 19
2.6. *Feedback* ou *Feedforward*? Focar no futuro sim,
mas e o desempenho atual, como fica? 21
2.7. Frequência das avaliações e *feedback* 26
   2.7.1. Metas 28
   2.7.2. Responsabilidades 29

VI   O Futuro da Avaliação de Desempenho

    2.7.3. Competências Técnicas 30
    2.7.4. Competências Comportamentais 32
    2.8. Novos softwares, tecnologias e até
    Rede Social para avaliar Desempenho 35
    2.9. Compatibilidade com a legislação
    e cultura brasileira 38

Capítulo 3 – Conclusões Sobre o que o Futuro
da Avaliação de Desempenho Deve Contemplar 41

Capítulo 4 – Proposta Metodológica, Foco e Ações
para você Construir o Futuro da Avaliação
de Desempenho para a sua Organização 45
    4.1. O modelo proposto: Avaliação de
    Desempenho com Foco em Competências 47
    4.2. Mapeamento de Competências
    por Cargo ou Função? 48
    4.3. As Perspectivas do Modelo 51
        4.3.1. Competências Técnicas 51
        4.3.2. Competências Comportamentais 52
        4.3.3. A Perspectiva Resultados e o Alinhamento
        com a Estratégia Organizacional 54
        4.3.4. A Perspectiva Complexidade 56
    4.4. A mensuração do Coeficiente de
    Desempenho do Colaborador 58

Capítulo 5 – *Checklist*: Causas das Críticas da Avaliação
de Desempenho *versus* Metodologia Proposta 61

Capítulo 6 – E depois da Avaliação, qual seria o Futuro dos
Processos de Desenvolvimento das Pessoas? (Exclusivo da
versão impressa) 67

Capítulo 7 – Da Teoria para a Prática: *Cases* de Empresas
Públicas e Privadas que Implantaram e Usam a Avaliação
de Construção das Descrições de Função 77

Anexo I – Matéria Revista Você RH: O fim das Avaliações 105

Anexo II – Matéria Revista Exame: Avaliação Tradicional
de Funcionários Começa a Perder Espaço........................ 109

Anexo III – Metodologia do Inventário
Comportamental para Mapeamento de Competências
(Exclusivo da versão impressa) 115

Anexo IV – O Conceito de Complexidade e o Espaço
Ocupacional (Exclusivo da versão impressa) 131

Encerramento... 137

Bibliografia 139

Sobre os autores 141

Outros livros de Rogerio Leme 145

Dedicatória de Rogerio Leme

Ao meu filho, Eduardo.

À memória de meu pai, Eniciel. À minha mãe, Eunice e a toda minha família, meus eternos apoiadores em absolutamente tudo o que faço.

Aos meus fiéis amigos da Leme Consultoria, que me ajudam a cumprir com nossa missão de construir um RH Estratégico e integrar Gestão de Pessoas com Estratégia Organizacional. Sem eles, não teria conquistado nada. Devo muito a cada um deles: Elsimar, Célia, Renan, Julio, Marcia, Larissa, Romeu, Rosane, toda equipe de consultores, analistas, desenvolvedores, da infraestrutura, ao pessoal do suporte, do *marketing*, do comercial, da educação corporativa, do administrativo e de apoio. Essa conquista não é minha apenas. Ela é de cada um de vocês.

Aos meus amigos da Qualitymark, em especial ao meu editor Mahomed, que desde 2005, acreditou na ideia de um cara desconhecido e que queria gerar contribuições para o mundo de Recursos Humanos. Àqueles que acompanham meus livros, saibam que ele é o grande responsável e uma pessoa que admiro muito e terei eterna gratidão e fidelidade.

Aos meus clientes e parceiros, como o Willyans Coelho e a Patrícia Bispo do Rh.com.br, entre tantos, que contribuíram e contribuem para o desenvolvimento de meus trabalhos.

Tenho muito orgulho de tê-los ao meu lado neste importante marco que é meu décimo primeiro livro. Eu somente consegui isso porque tenho cada um de vocês ao meu lado, correndo e fazendo acontecer tudo isso que coloco nessas páginas.

Muito obrigado!

Rogerio Leme

Dedicatória de Renan Sinachi

Dedico esta obra aos meus incansáveis pais, Hamilton e Sueli, que durante muitos anos aplicaram toda a sua energia para fortalecer a união de nossa família e de nossos valores.

Ao meu irmão, Denis, que sempre foi uma referência de hombridade e parceria para mim.

À minha esposa, Kátia, que me inspira com sua perseverança e sempre apoiou a realização de meus sonhos profissionais e pessoais.

À memória dos meus avós, Atílio e Ana Maria, com quem pude aprender um pouco sobre coletividade, cooperação e retidão.

Ao meu querido amigo Rogerio Leme, por acreditar no sonho de tornar as organizações mais efetivas e incluir nele pessoas como eu e tantos outros, que dão duro para tornar a nossa missão uma realidade.

Aos amigos da Leme Consultoria, que diariamente investem seu tempo e energia na construção de um legado para tornar o RH ainda mais estratégico e as organizações, produtivas e eficazes no alcance de seus objetivos.

Aos amigos da Qualitymark, em especial ao editor Mahomed, que dedica seu tempo a encontrar pessoas que contribuam com ideias inovadoras e que tornem as organizações lugares melhores para se trabalhar e mais eficazes na produção de riqueza para o nosso país. Serei eternamente grato pela oportunidade e admirador de seu legado!

Aos clientes, parceiros e amigos que fiz nos mais de dez anos em que estou percorrendo a estrada de Gestão, Estratégia e Recursos Humanos, meu muito obrigado!

Renan Sinachi

Introdução

Sempre fui defensor da ideia de que a área de Recursos Humanos precisa modernizar os instrumentos que utiliza, pois muitas empresas insistem em usar técnicas e ferramentas obsoletas.

Nas palestras ou treinamentos que ministro, chego a fazer provocações que às vezes incomodam as pessoas, dizendo que o LNT – Levantamento das Necessidades de Treinamento – é da época de Taylor e Fayol, e da infeliz frequência com que ainda encontramos empresas mergulhadas nessas ferramentas, em vez de utilizar a Gestão por Competências, por exemplo.

Assim, ao me deparar com as supostas mudanças e críticas que o instrumento de Avaliação de Desempenho vem sofrendo ultimamente, deveria me sentir aliviado, afinal meu desejo pela modernização dos instrumentos estaria sendo atendido.

Em parte sim. Que bom! As empresas estão despertando. Entretanto, confesso que fiquei estarrecido com o que tenho visto as empresas buscarem e, ainda pior, o que muitos consultores andam falando.

Quando me deparei com um consultor dizendo, em um vídeo no *Youtube*, que "ninguém sabe ao certo onde queremos chegar ou que mudanças temos que fazer no instrumento de avaliação" para mim foi a gota d'água. Como assim? Como *pregar* ou defender uma ideia absurda como esta? E o que as empresas estão fazendo, então? Querem curar um problema tomando uma medicação errada. Elas não estão enxergando a essência do problema e estão buscando soluções superficiais, que não terão aderência e que, no final, farão muito pior a elas e aos seus colaboradores do que os absurdos utilizados nas avaliações de desempenho durante anos e anos como a tal curva forçada, epicentro talvez das críticas recebidas pela avaliação de desempenho.

Diante disso, como profissional especializado em gestão por competências e avaliação de desempenho, com todos os livros que publiquei, que trazem uma visão sistematizada e que integra os diversos subsistemas de Recursos Humanos e ferramentas de Gestão Empresarial, me senti na obrigação de preparar este livro que traz uma reflexão das críticas e anseios do que está sendo falado sobre *O futuro da Avaliação de Desempenho*, trazendo um enfoque de *o que você precisa* **realmente** *saber* sobre este tema, com ponderações e caminhos a serem seguidos dentro da cultura brasileira que passa, obrigatoriamente, também por questões trabalhistas, afinal não podemos desprezar as exigências legais que nos cercam.

Peço a licença e a compreensão dos amigos leitores que já me acompanharam em alguns dos meus dez livros publicados, onde sempre encontraram um passo a passo de como fazer, que neste livro eu irei fazer a reflexão da aplicação dos conceitos dessas obras para solucionar os problemas que circulam sobre a avaliação e, portanto, parte do detalhamento de como solucionar o problema, irei recomendar a leitura do livro onde trato a questão referida.

Dessa forma, espero contribuir para não apenas formar uma massa crítica sobre o assunto, mas efetivamente trazer ao leitor a ciência de *O que você precisa* **realmente** *saber sobre o futuro da Avaliação de Desempenho*.

Boa leitura.

Capítulo 1

Desafio: Não Sabemos o que Estamos Criticando

Antes de desbravar as próximas páginas deste livro, gostaria de propor um desafio ao leitor para aumentar o nível de consciência do tema com que estamos lidando. Essas questões são estruturantes não apenas do ponto de vista conceitual, mas principalmente da aplicação prática desses conceitos no dia a dia, gerando a essência da agregação de valor para a empresa, em termos de resultados, e para o colaborador, em termos de desenvolvimento pessoal e profissional.

Busque responder as questões a seguir para testar seus conhecimentos e conceitos antes de prosseguir.

1. Qual a diferença entre:
    a. Avaliação de Desempenho
    b. Avaliação de Competências
    c. Avaliação de Resultados
2. Verdadeiro ou Falso:
    a. (___) Um profissional pode ter competência, mas pode não ter obtido um bom resultado.
    b. (___) Um profissional pode ter atingido um bom resultado, mas não ter as competências desenvolvidas.

c. (___) Um profissional pode ter competência, ter um bom desempenho, mas não ter atingido resultado.

1.1 Conceito de Avaliação de Desempenho

Para subsidiar o conceito da Avaliação de Desempenho, primeiro temos que decompor a palavra Desempenho: *des + empenho*.

Antes do desempenho temos a palavra empenho que, segundo o dicionário Aurélio, significa *Ato de dar a palavra em penhor*.

Quando empenhamos algo, assumimos uma *dívida*, um compromisso em realizar algo. Assim, é comum ouvirmos e falarmos a expressão "estou empenhado em...". Equivocadamente as pessoas associam que estão empenhadas quando elas estão executando. Na realidade, quando elas estão executando elas estão desempenhando.

Desempenho significa, segundo o mesmo dicionário, *cumprir (o que estava obrigado); executar*. Desempenho, portanto, está associado ao processo de executar algo, seja uma atribuição ou uma meta.

Por favor, guarde esta importante afirmação:

Desempenho está associado ao processo de executar algo, seja uma atribuição ou uma meta.

1.2 Conceito de Avaliação de Competências

Quando falamos de competência, o conceito trabalhado na área de Recursos Humanos é o famoso C.H.A. – Conhecimentos, Habilidades e Atitudes. Vários autores propõem o agrupamento do C.H.A. em competências técnicas (o C.H. do C.H.A) e competências comportamentais (o A do C.H.A).

Competência é a *matéria-prima* para desempenhar uma função ou atingir resultados. Podemos fazer essa afirmação observando a definição de competências de Scott B. Parry, que diz: "Competência é agrupamento de conhecimentos, habilidades e atitudes correlacionadas, que afeta parte considerável da atividade de alguém, que se relaciona com seu desempenho, que pode ser medido segundo padrões preestabelecidos, e que pode ser melhorado por meio de treinamento e desenvolvimento".

Note o trecho destacado *"que se relaciona com seu desempenho."* Ora, se o C.H.A. se relaciona com seu desempenho, ao fazer a Avaliação de Competências estamos avaliando o preparo que a pessoa tem para desempenhar algum processo ou atingir uma meta.

É fundamental entendermos que ao avaliar competências não estamos avaliando desempenho. Competências e Desempenho são complementares, porém são questões distintas.

Avaliação de Competências, portanto, é avaliar as competências técnicas e comportamentais que o colaborador deve possuir, seja para executar suas atribuições ou para atingir as metas acordadas.

1.3 Conceito de Resultados

Resultado significa *termo, fim; lucro (ou prejuízo),* segundo o dicionário. Resultado é o quanto foi obtido das metas traçadas para o colaborador ou equipe. Embora a expressão *avaliação de resultados* seja utilizada usualmente, na essência, não avaliamos resultados, pois resultado se apura.

Normalmente, ao usar a expressão avaliação de resultados, o que se deseja é a apuração ou uma análise destes em um cenário, justamente para concluir se a resultante traçada de uma meta ou da combinação de diversos resultados foi de *lucro ou prejuízo.*

Em tese, a apuração de resultados é *fria,* devido a sua objetividade. Ao focar a gestão por resultados, o que interessa é a apuração do quanto foi atingido mediante o planejado.

1.4 Competência x Resultados

Um profissional pode ter competência, mas pode não ter obtido um bom resultado. Um profissional pode ter atingido um bom resultado, mas não ter as competências desenvolvidas. As duas afirmações da segunda questão da reflexão do início deste capítulo são verdadeiras.

Não é o fato de o profissional ter competências técnicas e comportamentais bem desenvolvidas que garante que ele terá bom resultado. Claro que existe uma grande possibilidade, então acredita-se que profissionais melhor capacitados irão colocar suas competências prontamente em jogo quando demandados e, com isso, terão bons resultados. Também é fato que nem sempre isso acontece.

Da mesma maneira, um profissional pode ter atingido resultados, entretanto, estes podem ter ocorrido por um acaso ou por fatores para os quais ele não tenha diretamente contribuído. Ou seja, nessa situação, não há sustentabilidade em repetir ou atingir novamente resultados satisfatórios.

Assim, podemos afirmar que Avaliação de Competências não é Avaliação de Resultados.

1.5 Competência x Desempenho x Resultados

A última afirmação da nossa reflexão inicial também é verdadeira: "Um profissional pode ter competência, ter um bom desempenho, mas não ter atingido resultado". Compreender essa situação e transpô-la para o dia a dia das empresas nos processos de gestão e avaliação certamente nos levará a enxergar os pontos de melhoria que temos que realizar nos nossos instrumentos de avaliação e a entender que muitas, mas muitas, das críticas que estão sendo feitas sobre a avaliação de desempenho na realidade estão equivocadas. Vamos utilizar um exemplo do esporte para ilustrar a afirmação em questão.

Considere um time de futebol com jogadores competentes. Claro que sempre pode haver melhorias, mas considere que o nível de competência de cada jogador em sua respectiva posição seja extremamente satisfatório.

Este time está disputando um campeonato e, em uma determinada partida eliminatória, ele precisa ganhar por um gol de diferença.

Inicia-se o jogo decisivo e este time cumpre exatamente o que o técnico pediu. Ataca, defende, faz a marcação de meio de campo com perfeição, triangulações, jogadas ensaiadas e tudo mais. Nas conclusões, porém, o time adversário está em um dia

Capítulo 1 Desafio: Não Sabemos o que Estamos Criticando

extremamente inspirado. O goleiro defende bolas *absurdamente impossíveis* mas o time não desiste e marca o primeiro gol. O juiz, porém, anula incorretamente o gol. A equipe se concentra e continua seu trabalho, com equilíbrio emocional, jogando um futebol limpo e eis que de repente: "gooooolllll". Novamente o juiz anula o gol de forma equivocada. Era uma situação de um impedimento que não existia, mas era uma questão de milímetros. E o jogo segue, e o tempo vai passando. Parece que vai para uma decisão nos pênaltis. Faltando menos de um minuto, o juiz marca um pênalti contra esta equipe, mas é algo escandaloso, que não existiu. Porém, no futebol, *o jogo só termina quando acaba*, como diriam os poetas deste esporte, e nem sempre quem ganha é o melhor. Final da partida e o time perdeu por um gol, sendo desclassificado.

Analisando este fato com base nas questões conceituadas, podemos afirmar que:

a. A equipe tinha competência;
b. O desempenho foi adequado;
c. O resultado não foi atingido.

Competência: é a *matéria-prima* para desempenhar uma função ou atingir resultados. O time estava preparado, apto, capacitado, tanto nas questões técnicas quanto nas comportamentais.

Desempenho: está associado ao processo de executar algo, seja uma atribuição ou uma meta. O time executou com qualidade tudo o que tinha que fazer, tanto nas questões ofensivas como nas defensivas e táticas.

Resultado: é o quanto foi obtido das metas traçadas. Embora a equipe tenha feito com qualidade tudo o que deveria fazer, por variáveis que ela não tinha governança ou controle, a classificação desejada não foi alcançada.

1.6 Análises Complementares

O mercado tem feito críticas ao instrumento de avaliação de desempenho, entretanto, o que encontramos nas empresas normalmente não é um instrumento de avaliação de desempenho.

É um instrumento de avaliação comportamental, essencialmente, e este não segue critérios ou cuidados fundamentais para ter sucesso em uma avaliação.

O problema não está na avaliação pelo fato dela ser uma avaliação, mas sim pela forma que é conduzida, até mesmo por deficiências e equívocos conceituais. Muitos chamam de avaliação de desempenho um instrumento que não é avaliação de desempenho.

Muitos dizem ter e aplicar uma avaliação de desempenho e não fazem constar o essencial, que é avaliar a qualidade com que os colaboradores executam as atribuições dos seus trabalhos, afinal, como vimos no conceito acima, *desempenho está associado ao processo de executar algo, seja uma atribuição ou uma meta.*

Ora, se há uma confusão de instrumento associado a outras práticas equivocadas, que ainda iremos debater, é natural que a aplicabilidade do instrumento não seja adequada, e então acontecem as críticas.

Que algo está fora da ordem, não se discute. Entretanto, a questão é focar na solução da causa e não combater um sintoma de forma equivocada.

Assim, uma vez colocados estes conceitos iniciais, vamos analisar algumas matérias que estão trazendo críticas ao modelo de avaliação de desempenho, debater os principais itens para gerar um entendimento e contextualização do problema, e por fim gerar uma solução para combater a causa e não apenas o sintoma.

Capítulo 2

A Avaliação de Desempenho está Morta ou a Aplicação dos Conceitos na Prática está Equivocada?

As notícias não param de chegar por todos os lados, com chamadas das mais simples às mais criativas:

- "Avaliação tradicional de funcionários começa a perder espaço"
- "A morte da Avaliação de Desempenho – ou o fim da fé no diálogo"
- "O fim das avaliações"
- "Entenda o suposto fim das avaliações de *performance*"
- "Avaliação de desempenho: RIP – *Rest In Peace*"
- "O fim do modelo tradicional de Avaliação de Desempenho"

O que essas notícias, matérias, artigos, opiniões, palestras e vídeos trazem em comum são angústias da gestão, tanto dos gestores de maneira geral, como também dos gestores e equipe de Recursos Humanos.

Em um levantamento que realizei com pessoas ligadas à área de Recursos Humanos e especialistas na implantação de Gestão por Competências e Avaliação de Desempenho, foram apresentadas as seguintes percepções sobre os processos de avaliação que ocorrem nas empresas de maneira geral:

- O processo é burocrático;
- A periodicidade anual é incompatível com a velocidade e demanda cotidiana;
- Os formulários são longos;
- Estimula a concorrência e não o trabalho em equipe;
- Sentimento de injustiça quando aplicada a uma política de remuneração;
- É estressante para o gestor;
- É pouco claro;
- Não traz a percepção de futuro;
- Os colaboradores precisam de mais de um *feedback* ao ano;
- A curva forçada é incoerente;
- O instrumento não reflete o dia a dia;
- As notas finais dos comitês de calibragem não refletem a realidade;
- São gastas muitas horas para o processo de avaliação;
- Gera conflitos desnecessários;
- Gera medo e insegurança;
- Avaliadores são despreparados;
- Os gestores não estão preparados para dar *feedback*;
- Gera impacto negativo no clima organizacional.

Se queremos preparar *O Futuro da Avaliação de Desempenho*, obrigatoriamente precisamos considerar estas e outras percepções. O fato é que é preciso buscar a solução da causa e não do sintoma. Esta lista apresenta *apenas* sintomas. Se focarmos na solução destes, teremos algo superficial e que certamente será questionado e se tornará frágil em sua sustentação.

No entanto, é preciso estar alerta aos sintomas, sem dúvidas. E para aumentar ou reforçar nossa lista de sintomas para que possamos compreender melhor o cenário e buscar as efetivas causas, selecionei alguns trechos de algumas matérias veicula-

Capítulo 2 A Avaliação de Desempenho está Morta...

das na mídia, que trouxeram críticas aos modelos de avaliação de desempenho.

Quero com isso levar o leitor a um processo de reflexão da causa dessas questões, orientado pelos conceitos apresentados no primeiro capítulo deste livro e que tangem a empenho, desempenho, competências e resultados.

Com base nisso, poderemos entender o sintoma, encontrar a verdadeira causa e então propor uma solução estruturada, que será debatida no próximo capítulo.

Os textos completos das matérias utilizadas aqui encontram-se nos anexos deste livro, bem como as suas fontes. Cada citação traz a referência em sobrescrito do anexo onde é possível ter acesso à matéria na íntegra, justamente para evitar distorções.

2.1. Avaliação ou Rotulagem?

> *"A avaliação de desempenho, tal qual a conhecemos, está chegando ao fim. Grandes companhias começaram a abolir a rotulagem dos funcionários pelo que eles fizeram no passado e passam a desenvolver um plano individual que valorize suas habilidades – de olho no futuro."* 1

> *"O modelo de avaliação de pessoal – com reuniões anuais de feedback e classificação do desempenho dos funcionários – foi popularizado nos anos 60, celebrizado por companhias globais, como a própria GE, e hoje são quase onipresentes em todo o mundo."* 2

> *"Um dos mais novos críticos declarados é o presidente mundial da consultoria americana Accenture, Pierre Nanterme, que anunciou em julho o abandono das avaliações anuais e também da curva forçada, na qual classificava todos os 336 000 funcionários no mundo em três grupos: os 30% melhores, os 65% considerados intermediários (que eram, por sua vez, divididos em dois subgrupos) e os 5% piores."* 2

> *"Amplamente utilizado na área de gestão de pessoas, o modelo prevê que a grande maioria dos funcionários tenha um desempenho mediano em suas atividades; cerca de 10%*

> *apresentem performance superior; e os outros 10%, inferior. Na prática, o que se tem visto nesse caso é um esforço burocrático e pouco efetivo."2*

Quando tive conhecimento dessas percepções de que a curva forçada estava sendo questionada, confesso que me senti profundamente aliviado. Meu espanto é que as empresas levaram tanto tempo para perceberem o quanto estavam cegas com a técnica da curva forçada, devido a total incompatibilidade com as políticas contemporâneas de Gestão de Pessoas.

Em um mundo onde dizemos que o papel do gestor é desenvolver pessoas, onde temos que buscar uma equipe de alta *performance*, onde temos que preparar as pessoas, que temos que ter as pessoas certas no lugar certo, que falamos da produtividade, que dizemos da importância de ter uma equipe não apenas comprometida, mas engajada com os propósitos organizacionais e tudo o mais, para mim parece um absurdo eu não poder ter uma equipe com desempenho de 100%. Sim, talvez todos a 100% realmente seja um exagero, mas limitar em 10% a 30% apenas como os melhores leva qualquer argumento de sustentação de um modelo de gestão de pessoas que precisa ter transparência, justiça e meritocracia, por água abaixo. Essa exigência causa em mim um sentimento de limitação da capacidade e inteligência de um excelente líder.

> *"Ficou evidente que o sistema tradicional estimula a concorrência entre pares em vez de incentivar o trabalho em equipe, o que pode criar um ambiente de trabalho pouco produtivo."2*

Eu complementaria a afirmação acima dizendo que a técnica da curva forçada também pode gerar injustiça, corporativismo ou intriga na equipe, com rótulos pejorativos de alguns de seus membros.

A percepção de concorrência é real, pois existe uma disputa onde somente 10% a 30% são os *merecedores* e então, quando somente esse grupo venha a receber algo consequente dessa classificação, como um bônus ou promoção, tenha certeza que estará iniciada a *terceira guerra mundial*.

O corporativismo pode ocorrer para proteger as pessoas. Já vi gestores combinando com sua equipe que, naquele ano, Fu-

Capítulo 2 A Avaliação de Desempenho está Morta... 11

lano e Beltrano seriam classificados como os melhores, porque no ano passado Sicrano já fora contemplado, e que no próximo ano seriam outros. Ou seja, foi criada uma espécie de rodízio.

O impacto na produtividade e no trabalho em equipe ocorre pelo sentimento de que se o Fulano é tão bom mesmo, ele que resolva tudo. E muitas vezes isso gera rótulos pejorativos para referenciá-lo, algo como "O chefe que peça para o Bonzão, Super, Ultra, *Mega Master*".

O problema não é existir um *ranking* do desempenho dos colaboradores. Se esse *ranking* não existir, não será possível praticar a essência da Gestão da Singularidade, como um grande amigo meu, Eduardo Carmello, propõe em seu livro que leva este mesmo nome.

A primeira ideia que vem em nossas mentes quando falamos de *isonomia*, é a necessidade de tratar iguais de maneira igual. Na realidade o princípio é outro: É preciso tratar diferentes de maneira diferente.

Imagine uma equipe comercial que, por algum motivo específico, não esteja atingindo os resultados esperados. Mas essa equipe tem três ou quatro colaboradores que estão com um desempenho acima, engajados, dedicados, buscando não apenas fazer o seu papel, mas estão colaborando para que os demais membros da equipe possam evoluir. E então chega o gestor desta equipe e passa um sermão falando da falta de comprometimento com a empresa, com os resultados e tudo mais que um *chefe*, em um momento infeliz, venha fazer em um momento de tensão. Como será que os três ou quatro dedicados se sentiram? Motivados? Reconhecidos? Desafiados? Certamente não.

Tratar diferentes de maneira diferente faz parte do princípio da meritocracia e da justiça. Ninguém gosta de ser tratado como *farinha do mesmo saco*. Somos diferentes, geramos resultados diferentes, atuamos de maneiras diferentes, desempenhamos nossos papéis de maneiras diferentes.

Contudo, podemos fortalecer o trabalho e espírito de equipe com metas e objetivos coletivos, onde a aplicação da multidisciplinaridade em projetos torna-se essencial, sendo a base das competências colaborativas.

Uma classificação forçada nunca levou e jamais levará a essas questões. Paradoxalmente, as gerações Y e Z possuem uma necessidade de competição absurda, provavelmente por vários estímulos recebidos durante a vida como *videogames*, jogos esportivos, disputa entre irmãos ou primos, provas escolares, as avaliações do ENEM – Exame Nacional de Ensino Médio – os vestibulares, concursos dos mais diferentes tipos, inclusive concursos públicos, entre tantas outras situações das nossas vidas.

O espírito e necessidade de competir, de estar em evidência, de querer se mostrar diferente dos outros faz parte da natureza humana.

Pensando na causa e não no sintoma para propor o futuro da avaliação de desempenho:

- Negar um *ranking* é negar a essência da humanidade.
- Negar o *ranking* é negar a essência da meritocracia.
- O problema não é o *ranking* em si, mas como ele é constituído, mensurado e, principalmente, como ele é aplicado nas políticas de Gestão de Pessoas.
- Curva forçada não é o caminho.

2.2 Calibragem ou adulteração da avaliação?

> *"Os líderes passavam horas em reuniões para calibrar as notas de cada funcionário e garantir que haviam preenchido todas as cotas"*, diz o argentino Gaston Podesta, diretor global de RH da Accenture. A própria GE, que ajudou a popularizar a curva forçada nos anos 80 e 90, sob o comando do lendário Jack Welch, abandonou o modelo há uma década."[2]

Tenho uma posição certamente polêmica sobre os comitês de calibragem que algumas empresas se propõem a fazer em seus processos de avaliação. Particularmente, sou totalmente contra aos comitês de calibragem, pois entendo que eles são uma forma de adulterar o resultado de uma avaliação.

Segundo os conceitos preliminares discutidos no primeiro capítulo, um processo amplo de avaliação deveria ser composto de competências técnicas e comportamentais e de uma avaliação de

Capítulo 2 A Avaliação de Desempenho está Morta... 13

desempenho das atividades que o colaborador executa, bem como da apuração das metas acordadas. Se o instrumento de avaliação for bem estruturado, como foco na realidade das atribuições que o colaborador deve executar e com a apuração adequada das metas traçadas, por qual motivo um comitê deveria se reunir para debater o resultado da avaliação? Esta calibragem, na maioria das vezes, é sinônimo de *caneta*, que dá autonomia para um grupo de gestores adulterarem o resultado da avaliação, gerando desconfortos e até prejudicando a credibilidade do processo.

Veja, não sou contra que uma equipe de gestores analise o resultado da avaliação e debata para deliberar se realmente um ou outro colaborador possa assumir um novo posto de trabalho, se é merecedor de uma promoção ou algo similar. Também considero que um grupo desses tenha condições de identificar eventuais equívocos de avaliação, gerando inclusive uma demanda para que avaliações tenham que ser refeitas. O que não concordo é o poder dado a esses comitês de alterarem uma avaliação. Isso faz o senso de transparência, de meritocracia e de responsabilidade da gestão simplesmente acabar.

> **Pensando na causa e não no sintoma para propor o futuro da avaliação de desempenho:**
>
> - Um processo de avaliação deve existir sem a necessidade da composição de um comitê de calibragem para fazer qualquer alteração no resultado da avaliação.
> - O instrumento deve ter um recurso onde eventuais distorções possam ser facilmente detectadas, e então o gestor responsável pela avaliação da sua equipe deve receber as orientações para a intervenção e correção da falha.

2.3. Forma errônea de utilização da Matriz *Nine Box*

> *"Para agilizar a avaliação, a multinacional americana GE, reconhecida defensora da matriz 9 Box, nos anos 1960, trocou a mania de rotular os funcionários em quadrantes por um processo de cocriação, envolvendo seus 165 000 trabalhadores nos países onde está presente."*[1]

Mesmo tratando aqui a essência dessa questão, recomendo a leitura do meu livro *[Re]Descobrindo a Matriz Nine Box*, publicado pela Qualitymark, que apresenta uma série de detalhes sobre essa ferramenta.

O grande problema aqui é a utilização equivocada desse instrumento, a Matriz *Nine Box*. Até por isso, fiz uma brincadeira com o título do livro, onde coloquei um *[Re]* antes do *Descobrindo*, justamente porque se o leitor não conhece esse instrumento, será uma oportunidade para tal, e aquele que já conhece poderá *Redescobrir* a forma de aplicação.

Resumidamente, as empresas que aplicam esse instrumento utilizam um processo de classificar (ou rotular) os membros da equipe com desempenho alto, médio ou baixo, fazendo um cruzamento com o potencial de cada um e gerando uma classificação dos profissionais. Aqueles que ficarem nas áreas B8, B6 e B9 (ver figura 1) são os merecedores de promoções mudança de carreira etc., de acordo com a política da empresa. A esta forma chamo de Matriz *Nine Box* Tradicional.

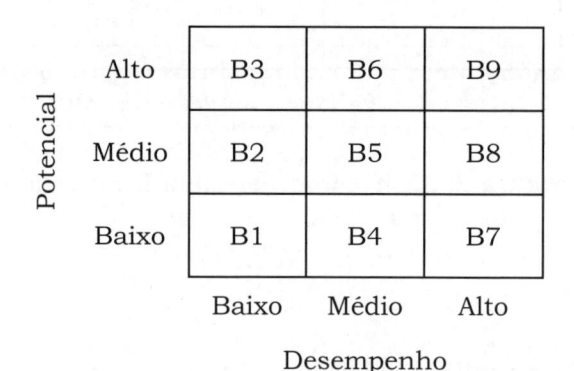

Potencial		Desempenho	
Alto	B3	B6	B9
Médio	B2	B5	B8
Baixo	B1	B4	B7
	Baixo	Médio	Alto

Figura 1: Matriz *Nine Box* Tradicional

O equívoco se deve ao fato de que, primeiro, potencial é algo subjetivo e, de acordo com a definição do dicionário, potencial significa *respeitante à potência, virtual, possível*. A física ainda traz uma definição de potencial como *energia não colocada em ação*. Isso significa que potencial é uma promessa, enquanto devemos observar nas nossas empresas quem são os profissionais talentosos que precisamos envolver e aumentar seu engajamen-

Capítulo 2 A Avaliação de Desempenho está Morta... 15

to, afinal talento não é uma promessa, é alguém que já traz resultados e não podemos perder os talentos das nossas empresas.

Em segundo lugar, como debatido nos conceitos do primeiro capítulo, se são as competências que dão sustentação aos resultados e ao desempenho, uma matriz *Nine Box* deveria trazer o cruzamento de dois eixos: Entrega X Competências. Veja a figura 2.

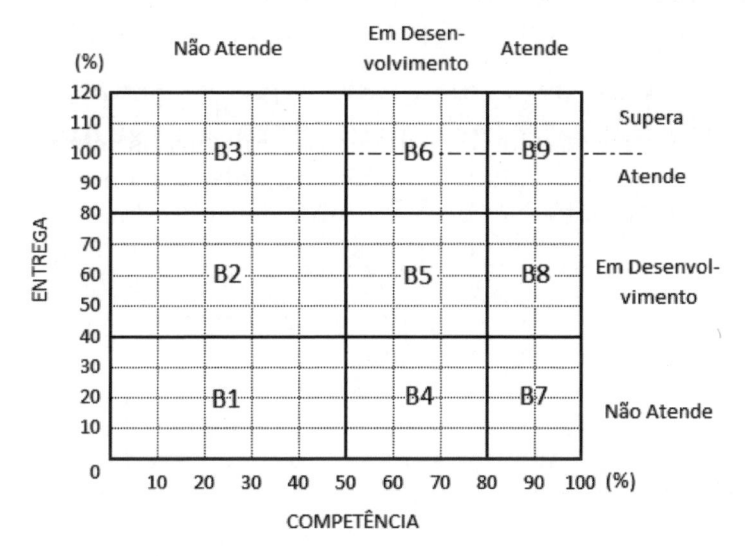

Figura 2: Matriz Competência X Entrega

No caso, no eixo da Entrega temos as Metas que o colaborador deve atingir e a qualidade que ele executa suas atribuições. Essa é a efetiva entrega do colaborador para a instituição, suportadas pelas competências.

Em terceiro lugar, uma Matriz *Nine Box* deve ser a projeção dos resultados de uma avaliação e não uma matriz onde um grupo de gestores irá classificar (rotular) em qual ponto cada membro da equipe deve ficar.

A utilização equivocada dessa ferramenta com a classificação por um comitê, como destacado no trecho da matéria publicada, e ainda associada à técnica da curva forçada, somente pode gerar problemas, burocracia e manipulação dos resultados da avaliação.

> **Pensando na causa e não no sintoma para propor o futuro da avaliação de desempenho:**
>
> A Matriz *Nine Box* não deve ser classificada por um comitê de validação ou calibragem. Ela deve ser a projeção resultante do instrumento de avaliação do cruzamento da avaliação da qualidade que o colaborador executa suas atribuições e metas atingidas (eixo das entregas) e das competências técnicas e comportamentais (eixo das competências).

2.4. Por que as avaliações não refletem a real contribuição do indivíduo para a organização?

> *"Esse é um reflexo da percepção dos próprios líderes de RH, que em sua maioria notam que os atuais modelos de medição são ineficientes. As avaliações não refletem de forma correta as contribuições dos indivíduos, muito menos apoiam o crescimento necessário dos negócios."*1

O problema das avaliações de desempenho é (de ordem) estrutural, devido à confusão da aplicação de conceitos na prática. Assim, se isto não for sanado, qualquer mudança que vier não irá resolver efetivamente os problemas do instrumento.

Vamos entender este problema visualizando a confusão dos conceitos e o que encontramos nas empresas na realidade, naquilo que é chamado de *Avaliação de Desempenho*.

Equívoco de nome, conteúdo e estrutura do instrumento:

Você notou que todas as citações das matérias usam sempre o termo *Avaliação de Desempenho*? Vamos retomar o conceito debatido no primeiro capítulo, onde temos que:

> *"Desempenho está associado ao processo de executar algo, seja uma atribuição ou uma meta"*
> Conceito apresentado no Capítulo 1

Assim, o formulário da suposta avaliação de desempenho, mencionada nas matérias e alvo de tantas críticas, deveria trazer especificamente o que o colaborador avaliado deveria executar, ou seja, no que foi empenhado.

Capítulo 2 A Avaliação de Desempenho está Morta... 17

Sempre digo que uma empresa são as pessoas que ali trabalham, pois sem elas, como diria a contabilidade, uma empresa seria apenas um amontoado de *máquinas, equipamentos, móveis e utensílios*. Essas pessoas, por sua vez, executam:

a. Processos de trabalho;
b. Projetos (metas) para levar a instituição para um patamar superior, buscando atingir a Visão da Organização.

Assim, a avaliação de desempenho (exclusivamente sob este título) dessas pessoas deveria se concentrar na avaliação da qualidade que elas executam suas atribuições e nas metas que devem atingir.

E o que encontramos no mundo real, ou seja, o que as empresas aplicam normalmente em seus formulários e chamam de avaliação de desempenho?

a. Um instrumento que traz essencialmente comportamentos e não as atribuições que o colaborador deveria executar;
b. Um mesmo instrumento para toda a organização. Quando muito, um mesmo instrumento para os gestores e outro instrumento aplicado a todos os colaboradores.

Estamos diante de dois grandes e graves problemas:

1. Se a avaliação é de desempenho, um instrumento que considera somente comportamentos não pode ser chamado Avaliação de Desempenho. Somente comportamentos devem ser chamados de Avaliação de Competências Comportamentais e não deve ter políticas de consequência, como promoção ou progressão salarial, entre outras.
2. Se cada colaborador possui responsabilidades e atribuições diferentes dentro da organização, utilizando o mesmo conteúdo de formulário para avaliar todos os colaboradores, não será possível identificar a real contribuição de cada um ou fazer que o instrumento seja reconhecido pelos colaboradores com aquilo que fora empenhado com cada um.

Algumas empresas consideram no instrumento de avaliação a inclusão das metas. Aquelas que consideram apenas as metas também estão cometendo um equívoco, pois um instrumento que traz somente metas deveria se chamar Avaliação de Metas ou de Resultados e não Avaliação de Desempenho, afinal, o desempenho também está associado à forma que o colaborador executa suas atribuições, e não apenas às metas ou resultados alcançados por ele.

A imensa maioria das empresas, infelizmente, não considera no instrumento de avaliação a apuração da qualidade que o colaborador executa suas atribuições e é exatamente nesse ponto onde está o seu desempenho.

Usar o mesmo instrumento para toda organização faz com que o instrumento tenha que ser tão generalista que as pessoas acabam não se identificando. Uma das principais reclamações dos colaboradores que fazem a avaliação é que eles não conseguem identificar suas atividades no instrumento.

Em resumo, temos o tal equívoco de nome, de conteúdo e de estrutura do instrumento. Se a chamada avaliação de desempenho está sofrendo tantas críticas – cujos sintomas fazem todo o sentido – é preciso entender as reais causas para poder encontrar a solução correta e ser assertivo na intervenção.

Realidade Contemporânea: Empresas voltadas para Projetos e Estruturas Matriciais

Há ainda um tempero a ser acrescentado nessa análise: a estrutura organizacional.

A *estrutura funcional* é a mais comum e talvez a mais utilizada nas empresas (ao menos formalmente). Nela, a empresa é organizada por divisão de áreas por especialização, ou seja, os colaboradores que cuidam de pessoas estão alocados no setor de RH, os que lidam com o faturamento e finanças estarão alocados na área do Financeiro e assim por diante.

Atualmente, porém, muitas empresas trabalham com uma estrutura voltada para projetos ou operações, caso onde um determinado grupo de profissionais é destacado para executar um conjunto de ações em uma base, unidade ou mesmo um cliente. São empresas que utilizam uma *estrutura matricial*. Muitas delas não possuem essa estrutura formalmente, mas

Capítulo 2 A Avaliação de Desempenho está Morta... 19

na prática são matriciais. Ainda se não em toda empresa, mas em parte delas.

Nesses tipos de empresas, se o modelo de Avaliação de Desempenho e também de Avaliação de Competências não estiver preparado para atender a estrutura de projetos ou matricial, é natural haver um descolamento do instrumento com a realidade, aumentando a percepção de que o instrumento de avaliação não atende às demandas organizacionais, assim como não consegue medir a real entrega de cada colaborador.

Pensando na causa e não no sintoma para propor o futuro da avaliação de desempenho:
O conteúdo do formulário da avaliação de desempenho deve focar as responsabilidades específicas de cada avaliado. Embora a avaliação comportamental seja fundamental, o instrumento de avaliação não deve ser essencialmente comportamental.

2.5. Avaliação demorada e burocrática! Por quê?

> *"... o processo todo passou a ser considerado burocrático, demorado e, por vezes, injusto por uma parcela crescente de funcionários."*[2]

Sem querer desmerecer o esforço que as empresas fazem para ter seus instrumentos de avaliação de maneira mais adequada e eficiente, mas quando vejo muitos dos instrumentos de avaliação existentes no mercado, na maioria das vezes a primeira imagem que vem em minha mente é a apuração das escolas de samba. Quero pedir permissão ao leitor para utilizar essa metáfora.

Durante o desfile das escolas de samba (momento onde ocorre o desempenho dos colaboradores), os jurados (gestores) precisam fazer o registro da nota (avaliação de desempenho) de cada escola (colaborador) sobre determinados quesitos (competências e desempenho).

Um jurado avalia diversas escolas. Ao término do desfile da escola, o jurado imediatamente preenche sua avaliação, lacra e entrega para a apuração.

Duas questões realmente me atormentam com essa sistemática. A primeira é que o jurado dá uma nota 10, por exemplo, para a primeira escola em determinado quesito de sua avaliação. Então ele lacra o envelope e o entrega para a apuração. Ao passar a segunda escola, se por acaso ela for infinitamente superior a primeira, ela também irá receber nota 10, mas porque ela não pode receber nota 11, é claro. Entretanto, não há mais nada a fazer, afinal, o envelope da primeira escola já foi lacrado e entregue.

A segunda questão que me atormenta é: Por que o jurado deu 9,7 para uma escola e 9,8 para outra? A não ser que haja critérios e uma sistemática definida – confesso que não conheço detalhes – mas sem ela a subjetividade é total e absoluta.

Trazendo para o mundo corporativo e para a aplicação da avaliação que estamos refletindo, não é nenhum absurdo afirmar que um gestor tenha dez, quinze, vinte colaboradores a serem avaliados em sua equipe. Os instrumentos tradicionais aplicados nas empresas fazem exatamente o que ocorre nas escolas de samba: após avaliar o primeiro colaborador, em cinquenta itens, por exemplo, o gestor passa para o segundo a ser avaliado. E se o décimo colaborador teve um desempenho melhor em algum quesito, simplesmente não há o que fazer. Aliás, ele nem tem como avaliar o vigésimo colaborar na quinquagésima questão com o mesmo critério que ele usou para avaliar o terceiro colaborador na mesma questão. É humanamente impossível exigir isso do gestor.

Na realidade, o instrumento é tão estressante que, mesmo com toda a preparação da área de Recursos Humanos junto aos gestores, mostrando a importância do instrumento de avaliação, e por mais engajado que seja o gestor, os instrumentos existentes no mercado, baseados em formulários tradicionais, fazem com que ele, a partir da terceira ou quarta pessoa que estiver avaliando, preencha o formulário com *xis* na primeira coluna que estiver à sua frente, pois ele não terá tempo para preencher toda aquela papelada (na maioria das vezes um sistema que traz apenas a mesma papelada, porém informatizada, mas sem inteligência aplicada).

Será que o problema é a avaliação de desempenho ou o instrumento de coleta da avaliação de desempenho? Será que é eliminando a avaliação de desempenho que vamos resolver os problemas ou estaremos apenas *jogando a sujeira para debaixo do tapete?*

> **Pensando na causa e não no sintoma para propor o futuro da avaliação de desempenho:**
>
> É preciso rever o instrumento de coleta e sua sistematização para evitar injustiça e otimizar a coleta dos dados da avaliação, evitando assim que seja um instrumento burocrático e demorado.

2.6. *Feedback* ou *Feedforward*? Focar no futuro sim, mas e o desempenho atual, como fica?

> *"Deixamos de lado a avaliação que vinha com notas e classificações e agora as discussões ficam em torno das oportunidades de cada um para se desenvolver e assim entregar resultado. Saímos do feedback e fomos para o 'feedforward', que tem foco no que a pessoa fez de positivo, sempre olhando para o futuro."* [1]

> *"... assim se cria um ambiente de confiança, um espaço no qual as pessoas podem ser autênticas e dizer o que pensam. Dar um bom feedback é difícil. O que temos agora é um diálogo com mais qualidade e que faça sentido para todos."* [1]

> *"A ideia é puxar do empregado o que ele tem de melhor, para que isso se reverta em resultado para a organização. A palavra de ordem passa a ser o desenvolvimento – não mais o desempenho."* [1]

Em 2006, quando escrevi meu segundo livro, *Avaliação de Desempenho com Foco em Competência – A base para a remu-*

neração por Competências, trouxe uma reflexão que se falava muito na época: o desenvolvimento pelo positivo.

O método milenar de desenvolvimento sempre foi o foco no negativo. Uma prova disso são as avaliações de desempenho, as auditorias dos processos de qualidade que buscam analisar se os processos estão em conformidade, entre tantas outras maneiras. Nesses processos, ao identificarmos uma deficiência queremos a todo custo corrigi-la, usando o argumento de que isso resultará em um desempenho melhor no futuro. De fato, é verdade, porém é necessário gastar grande energia para isso.

Existe o outro lado da moeda que diz, utilizando um exemplo da vida, que se você tem um filho que é excelente em português mas tem uma dificuldade enorme em matemática, contrate uma professora particular para fazer com que ele tenha a nota mínima nessa matéria. Já em português, invista tudo o que puder, pois esse é o talento do seu filho. Também isso é um fato e uma verdade.

No mundo empresarial, poderíamos utilizar esse mesmo princípio, porém existe uma diferença entre o exemplo do filho e de um profissional com um *gap* em relação ao seu desempenho. No caso do filho, é uma preparação para a vida profissional, enquanto no caso do colaborador, é um profissional que está mexendo com vidas, não somente com a dele, mas de sua equipe e dos seus resultados dependem inúmeras outras vidas.

É fundamental desenvolver aquilo que já é bom no colaborador, mas é primordial desenvolver o que também não é, sequer, bom.

Imagine um jogador de futebol que atue na defesa de um time, um zagueiro, por exemplo. E este zagueiro tem uma característica: é um excelente cobrador de faltas de curta e meia distância. Se ele é bom cobrando falta, principalmente do lado direito do campo, que tal prepará-lo para que possa ser eficiente cobrando falta do lado esquerdo do campo também?

Agora vamos considerar que este mesmo zagueiro tenha uma deficiência em jogadas aéreas, principalmente nas cobranças de escanteio. Não basta ele treinar isso para ser razoável e *passar com o mínimo*, como o exemplo do filho, pois nesse caso o mínimo pode não ser suficiente em uma final de campeonato. Se ele fizer o mínimo em um escanteio e não for feliz, não será somente a vida dele em jogo.

Não sou contra a técnica de valorização dos pontos fortes, pelo contrário, que o profissional e a empresa possam explorar cada vez mais um ponto de destaque e que realmente invistam nisso. Mas profissional é, segundo Guy Le Boterf, *aquele que administra uma situação profissional complexa*, então ele precisa buscar a eliminação desses *gaps*.

E de onde vêm os dados para essas análises? Das avaliações de desempenho. Do desempenho do passado? Sim, mas não pode ser de um passado tão distante, é de um passado bem recente.

Cada vez mais o futebol e outros esportes ganham o auxílio da tecnologia e buscam o entendimento detalhado e minucioso de cada fato afim de orientar o atleta para melhorar seus pontos fracos e fortalecer seus pontos fortes.

Em um mundo globalizado, extremamente competitivo, capitalista, acirrado, em que ocorrem cada vez mais mudanças e cada vez mais essas mudanças são maiores, mais rápidas e mais complexas, não é possível dizer que não iremos utilizar fontes de dados para obter informações para aprimorar o desempenho.

As críticas que o *feedback* também vem sofrendo na realidade não acontecem por um problema na técnica do *feedback*, mas sim devido ao tipo de informação que chega ao gestor para que ele dê *feedback* à sua equipe.

Por exemplo, há instrumentos de avaliação que utilizam uma competência juntamente com seu conceito, normalmente amplo ou generalista, e o gestor tem que utilizar uma escala mais ou menos como *aplica, em desenvolvimento* ou *supera*. Ou ainda, uma escala evolutiva com quatro ou cinco níveis e em cada nível os comportamentos ficam mais complexos, nesse caso, o nível superior da escala supõe que o colaborador tenha adquirido todos os comportamentos do nível anterior (e isso nunca ocorre na prática dessa maneira, pois o ser humano não funciona assim). Agora imaginou o gestor que não foi preparado para ser gestor de pessoas se deparar com uma avaliação como essa e ter que fazer a devolutiva ou *feedback* para seu liderado? Quer algo mais subjetivo do que isso? Sinceramente, eu que não gostaria de estar na pele dele. E tem mais, eu fugiria de dar o *feedback*, por tudo nessa vida.

Temos, na realidade, não apenas um ou dois pontos estruturais para entender a causa dos sintomas apresentados nas frases das matérias citadas neste item, mas uma conjugação de alguns itens. Vamos entender.

Primeiro, o problema não é que o *feedback* incomoda, mas sim a falta de objetividade com que normalmente a avaliação de desempenho gera a informação para o *feedback*.

Não é *simplesmente* substituir *feedback* por *feedforward*. O conceito de *feedforward* é a informação para focar o presente e o futuro. Legal, realmente o que importa é onde queremos chegar e o que precisamos fazer para que aquilo aconteça. Além então, de focar esse futuro, no *feedforward* vamos analisar e entender o que precisamos fazer, priorizar, melhorar etc., para que esse futuro ocorra.

Desculpe a minha simplicidade na definição prática do *feedforward* que farei a seguir, mas ele, na prática, nada mais é do que o *empenho* do que deve acontecer (lembra da definição de empenho que discutimos no primeiro capítulo?) com um compromisso firmado, que também pode ser registrado em um PDI – Plano de Desenvolvimento Individual – ferramenta utilizada normalmente em processos de *coaching*, visando no caso não exatamente a correção de um problema passado (daí o foco seria *feedback*), mas do ponto futuro a ser alcançado. Este olhar futuro também pode ser o fortalecimento de um ponto positivo, exatamente como o conceito do *desenvolvimento pelo positivo*, como comentado no início deste item.

Quero propor uma reflexão: se existe um *gap* a ser resolvido e aplicamos a técnica do *feedforward* e o colaborador não evolui, sentamos novamente com ele e vamos para nova conversa e orientação, ou seja, nova seção de *feedforward*. Se o negócio não andar, convenhamos, será que o gestor vai ter paciência e principalmente tempo, em função da velocidade que o mundo anda, das demandas e urgências que relatamos a pouco, e ele

Capítulo 2 A Avaliação de Desempenho está Morta... 25

não vai direto ao ponto que está interferindo, ou seja, no *feedback*? Claro que sim!

O problema não é o *feedback*, mas usá-lo em algo que aconteceu há 12 meses ou mais, pois esse passado já não é tão recente assim.

Assim como, o problema não é a Avaliação de Desempenho, mas usá-la em algo que aconteceu a12 meses ou mais, pois esse passado já não é tão recente assim.

Feedback jamais deixará ou poderá deixar de existir. O problema aqui não é *feedback* ou *feedforward*. Essas técnicas não nasceram para substituir uma à outra. A questão toda é: será que estamos focando a **Avaliação de Desempenho** enquanto deveríamos estar focando a **Gestão do Desempenho**?

O conceito de Gestão do Desempenho é:

> *"Identificar as causas existentes entre as expectativas dos resultados a serem alcançados e o que efetivamente está sendo realizado, agindo proativamente nos fatores que são a causa do desempenho não adequado, transformando os problemas em oportunidades de melhoria."*

Usando uma metáfora, a avaliação de desempenho é como olhar o retrovisor de um carro. Ali estamos vendo o passado, o que não significa que não exista algo a ser aprendido com ele, como ter passado com o carro por cima de um obstáculo, por exemplo. Ocorreu uma avaria que precisa ser corrigida. É fato e não pode ser negligenciado para evitar problemas de desempenho.

Já a Gestão do Desempenho é como olhar o para-brisa do carro. Temos um objetivo de levar o carro do ponto A para o ponto B. O que está acontecendo e o que eu tenho que monitorar, para interferir proativamente, visando atingir os objetivos? Ou seja, ao ver um obstáculo, vamos fazer os desvios e ajustes de conduta necessários, antes de ter problema.

O processo de avaliação de desempenho gera o levantamento das necessidades de treinamento. Isso é importante, mas é fundamental termos a consciência de que esta é uma ação reativa, ou seja, a necessidade já está instaurada.

Já as Trilhas de Desenvolvimento e Aprendizagem são ações proativas no desenvolvimento das competências das pessoas. Elas estão relacionadas à Gestão do Desempenho e também ao Desenvolvimento de Carreiras.

Precisamos de ambas as ferramentas: Avaliação de Desempenho e Gestão do Desempenho. Precisamos de ambas as técnicas: *Feedback* e *Feedforward*.

Pensando na causa e não no sintoma para propor o futuro da avaliação de desempenho:

- A avaliação deve gerar a informação correta para o *feedback*, facilitando a condução pelo gestor.
- Atenção à frequência das informações para fortalecer a prática da Gestão do Desempenho

---

2.7. Frequência das avaliações e *feedback*

> *"'Eventos anuais são coisa do passado', afirmou [Raghu Krishnamoorthy, chief learning officer da GE] num artigo recente. Nesse sentido, o planejamento estratégico passou a ser revisto a cada trimestre. A avaliação de pessoal ganhou, segundo ele, 'uma abordagem em tempo real'."* [2]

Ratificando a afirmação feita no item anterior, vivemos em um mundo globalizado, extremamente competitivo, capitalista, acirrado, onde ocorrem cada vez mais mudanças e cada vez mais essas mudanças são maiores, mais rápidas e mais complexas.

Se quisermos sintetizar o perfil do profissional do futuro, podemos afirmar que ele:

a. Deve estar preparado para aquilo que não se sabe o que é, afinal, não sabemos o que o futuro reserva, ainda mais na velocidade que está o mundo, que faz esse futuro trazer novas funções e competências na mesma velocidade que ele as extingue.
b. Deve ter agilidade de aprender e de se adaptar.
c. Deve ser responsável pelo seu (próprio) desenvolvimento.

Capítulo 2 A Avaliação de Desempenho está Morta... 27

Diante destas evidências, o processo de *feedback* e de avaliação de desempenho não pode ser algo que ocorra uma vez a cada 12 meses, pois as informações desses eventos estarão totalmente obsoletas.

Por outro lado, não é a avaliação que muda o cenário ou a cultura de uma empresa, mas sim o que fazemos a partir das informações nela apuradas.

E mais um ponto para acrescentarmos a nossas reflexões: precisamos, mais uma vez, retomar os conceitos debatidos no primeiro capítulo envolvendo Avaliação de Competências, Desempenho e Resultados. Vamos iniciar as reflexões pelos conceitos.

No item 2.4 deste capítulo, comentamos que os colaboradores de uma empresa executam processos de trabalho e executam projetos (metas) para levar a instituição para um patamar superior, buscando atingir a Visão da Organização.

Se desempenho está associado ao processo de executar algo, seja uma atribuição ou uma meta, a essência de uma Avaliação de Desempenho deve ser portanto a avaliação da qualidade que o colaborador executa suas atribuições (vimos no item 2.4 que os instrumentos das empresas falham nesse aspecto) em conjunto com as metas traçadas para ele.

Além destes dois componentes, atribuições e metas, vimos no primeiro capítulo que temos outros dois que são a matéria-prima para um bom e sustentável desempenho: as competências técnicas e competências comportamentais.

Assim, para analisar a causa do problema apresentado na citação da matéria, precisamos de quatro perspectivas e cada uma com uma proposição de temporalidade de avaliação:

I. Resultados, referente às metas que o colaborador deve atingir e que também compõem a Avaliação de Desempenho;

II. Responsabilidades, referente às atribuições que o colaborador deve executar e que compõem a Avaliação de Desempenho;

III. Competências Técnicas, referente ao domínio de técnicas que o colaborador deve possuir, que compõem a Avaliação de Competências;

IV. Competências Comportamentais, referente à maneira que o colaborador deve agir, que compõem a Avaliação de Competências.

Avaliação	Frequência
Metas	Maior frequência possível, no mínimo bimestral
Responsabilidades	Oficialmente anual, com gestão mensal ou bimestral
Competências Técnicas	A princípio anual, podendo ter espaçamento de tempo maior com o amadurecimento da Cultura da Gestão do Desempenho
Competências Comportamentais	Anual

2.7.1. Metas

O acompanhamento das metas deve ocorrer na maior frequência possível. Se os indicadores de evolução de uma meta não forem acompanhados e se não houver *feedback*, não haverá a Gestão do Desempenho. A cultura de uma empresa de sucesso está no acompanhamento e evolução de suas metas. As ferramentas de gestão empresarial e de gestão da estratégia, como o BSC – *Balanced Scorecard* – por exemplo, preconizam análises formais mensalmente. Existem indicadores que devem ser monitorados diariamente ou até mesmo mais de uma vez ao dia, dependendo do negócio da empresa.

Não é possível falar em Gestão do Desempenho sem aumentar essa frequência. Você não atravessaria uma rua de alto tráfego com informações de um minuto atrás, porque estaria correndo risco. Portanto, deve haver sim, um alinhamento entre líder e liderado sobre suas metas, com *feedback* para saber se está indo bem, com *feedforward* para visualizar onde se deve chegar, orientar os ajustes e tudo mais, não apenas uma vez ao ano, mas constantemente.

Isso sim irá mudar a cultura da empresa. *Feedback* deve ser dado sobre comportamento, foi isso que eu mesmo escrevi em 2007, quando publiquei meu livro *feedback para Resultados na Gestão por Competências pela Avaliação 360o*. Entretanto, não há como falar de comportamento sem que ele esteja associado à execução de uma atribuição ou de uma meta.

Claro que existem metas cujos apontamentos ocorrem em uma frequência anual, como por exemplo a meta "Elevar a satisfação dos colaboradores de 75% para 85% até dezembro". Você não faz pesquisa de clima uma vez por mês para ter essa apuração. Nessa situação, é necessário utilizar o monitoramento dos indicadores de tendência, ou seja, certificar se estão sendo realizadas as ações dentro do escopo e cronograma planejados, que permitirão a efetiva elevação do indicador no momento de sua apuração. Isto precisa ser acompanhado junto aos responsáveis por aquele objetivo. Mais uma vez, é a Cultura da Gestão do Desempenho.

O problema não é o *feedback*, mas usá-lo em algo que aconteceu a12 meses ou mais, pois esse passado já não é tão recente assim. Tem que ser o *feedback* do dia a dia, da gestão de pessoas, da cultura da Gestão do Desempenho, justamente para que o colaborador possa agir proativamente para que os resultados sejam alcançados.

2.7.2. Responsabilidades

As atribuições estão relacionadas aos processos de trabalho e devem ser a base para fazer o empenho com os colaboradores, justamente para poder avaliar seu desempenho com justiça.

Na prática, o instrumento de Recursos Humanos que armazena as atribuições que um colaborador deve fazer chama-se *Descrição de Função*, instrumento esse obrigatório, segundo a Legislação Trabalhista Brasileira, e está em alta com o advento do eSocial – projeto do Governo Federal que vai unificar o envio de informações pelo empregador em relação aos seus empregados.

Não há motivos para fazer uma avaliação de desempenho dessas atribuições mais de uma vez por ano e reforçar, pelo *feedback* positivo, a importância e contribuição do colaborador, e também fazer o alinhamento das expectativas das atribuições que não estão sendo executadas da maneira necessária.

Por outro lado, a gestão e acompanhamento da evolução dos ajustes de conduta acordados devem ocorrer com uma periodicidade mensal ou, na pior das hipóteses, bimestral.

A mesma aproximação entre líder e liderado, que falamos no item 2.7.1,onde tratamos a frequência de acompanhamento das metas, se aplica para a gestão das responsabilidades. Somente é possível fazer a Gestão do Desempenho se ocorrer o *feedback* do dia a dia, agindo proativamente para que o desempenho das atribuições dos colaboradores esteja de acordo com o necessário para a organização.

2.7.3. Competências Técnicas

As competências técnicas estão ligadas diretamente às atribuições que o colaborador deve executar, que por sua vez estão ligadas aos processos da empresa. Existem as competências técnicas ligadas aos projetos, no caso de uma empresa que precise estruturar seu instrumento de avaliação também por projetos.

Normalmente são definidas as competências e um nível de proficiência necessário para que a atividade seja executada com qualidade. Para ilustrar, podemos citar como exemplos de competências técnicas: tabela dinâmica do Excel, redação oficial, idiomas, banco de dados, sistemas de informação ou de gestão, legislações, entre tantas outras.

Quando um colaborador é avaliado abaixo do nível de proficiência necessário, um plano de ação é montado, seja uma capacitação, o estudo de algum material, enfim, algum meio que colabore para que ele possa suprir o *gap* acusado.

Na prática, não evoluímos muito significativamente em uma competência técnica de um ano para outro e por anos consecutivos. Ou seja, em um grau de proficiência de 0 a 4, por exemplo, sem querer entrar no mérito de cada nível de proficiência neste momento, se um colaborador estiver com nível 2 e precisa atingir nível 3, cumprindo seu plano de desenvolvimento provavelmente ele conseguirá. E, provavelmente, ele permanecerá naquele nível por um bom tempo.

O que tem maior impacto na evolução do colaborador não é a competência técnica, mas a sua aplicação na prática, ou seja, na execução das atribuições que exigem aquela competência técnica. Até mesmo porque uma atribuição exige mais de uma competência, e não apenas competência técnica, pois a competência comportamental também é exigida.

O ponto de reflexão que quero destacar é que, ao implantar um modelo de Gestão por Competências, é normal e necessário ter a avaliação das competências técnicas, e esta acontece, via de regra, anualmente. Entretanto, como a evolução de um colaborador nas competências técnicas não é tão expressiva (pelo nível de proficiência em questão), é natural que elas fiquem estáticas a partir do segundo ou terceiro ano de avaliação.

Mais uma vez, isso não significa que as pessoas não irão evoluir, mas que essa evolução acontecerá na aplicação dessas competências técnicas no dia a dia, ou seja, na qualidade e eficiência que o colaborador executa suas atribuições e metas a serem alcançadas. É fato.

Assim, uma eventual deficiência de uma competência técnica pode ser notada na avaliação das responsabilidades e, ao refletir sobre *por que a atribuição não está sendo realizada dentro da expectativa*, podemos ter a identificação da ausência de uma competência técnica.

Isso significa que a partir do segundo ou terceiro ano de aplicação da avaliação de competência técnica, quando ocorre a estabilização da sua evolução, se a empresa estiver com a Cultura da Gestão do Desempenho amadurecida, ou seja, se estiver fazendo os acompanhamentos na maior frequência possível, como debatido nos itens 2.7.1 e 2.7.2, poderá ser diminuída a frequência de avaliação dessas competências, chegando até mesmo ao ponto, em alguns casos, de não mais ser necessária sua aplicação, pois teremos a identificação das necessidades de capacitação pela avaliação de desempenho, tanto das responsabilidades quanto das metas.

Essa técnica já ocorre em clientes onde implantei processos de Avaliação de Desempenho e de Competências. Também apresento mais detalhes dessa técnica no livro que publiquei, chamado *T&D: do Levantamento de Necessidade de Treinamento à Avaliação e Mensuração de Resultados e ROI integrado com o BSC.*

Portanto, a avaliação desta perspectiva deve ser anual, podendo ter espaçamento de tempo maior com o amadurecimento da Cultura da Gestão do Desempenho na organização.

2.7.4. Competências Comportamentais

Este é o ponto mais polêmico. Então, indo direto ao assunto, a avaliação das competências comportamentais deve ser anual. Mas, por favor, não desista da leitura e permita apresentar as justificativas respaldadas em duas afirmações polêmicas:

1. Avaliar, embora seja não apenas importante, mas fundamental, infelizmente não muda absolutamente nada dentro da organização.

2. É claro que: comportamento é muito importante; que *feedback* deve ser dado com maior frequência e não apenas uma vez ao ano; que o gestor precisa estar próximo à sua equipe etc. etc. etc. Mas precisamos entender que *não somos contratados para demonstrarmos competências, mas sim para realizar com qualidade as atribuições e metas a nós conferidas.*

Vamos organizar os pensamentos e montar as justificativas.

Em mais uma metáfora, costumo dizer que a avaliação é como um exame de sangue. *Alguém* disse, por exemplo, que o Colesterol tem que ser menor que 200 mg/dl (miligramas por decilitro), que a Glicemia tem que ser abaixo de 100 mg/dl e assim por diante.

Em uma empresa, *alguém* do RH disse que para uma determinada função é preciso ter Foco no Cliente no nível 4, Foco em Resultados no nível 5 e assim por diante.

Chega o paciente e faz o exame de sangue. No mundo corporativo, chega o colaborador e faz a avaliação de competências comportamentais, no caso.

Capítulo 2 A Avaliação de Desempenho está Morta... 33

Quando o paciente descobre que está com a Glicemia em 600 mg/dl e o Colesterol em 400 mg/dl, por acaso adianta ele fazer um novo exame de sangue dali a três meses? Isso vai mudar alguma coisa?

O que muda o cenário de uma empresa não é a avaliação, mas sim o que é feito a partir da avaliação, tanto por parte do colaborador (paciente) quanto por parte do gestor (doutor) que irá orientar para que um plano seja executado e também acompanhado. É nesse momento que ocorre a Gestão por Competências e não no momento da avaliação.

Claro que a avaliação é fundamental, mas não é ela quem vai transformar a cultura da organização. Note que as empresas, e por favor, inclua a área de Recursos Humanos nesta afirmação, colocam todas as esperanças e expectativas na avaliação, gerando frustrações.

Podemos ter o melhor instrumento de avaliação do universo, mas se a cultura da empresa não for preparada para a Gestão do Desempenho, a avaliação jamais funcionará.

Podemos ter um simples instrumento de avaliação, mas com uma cultura de Gestão do Desempenho, a empresa terá sucesso.

Isso não ameniza todo o preparo e sistematização que devem acontecer para os processos de avaliação, até mesmo porque é fundamental a sistematização, ainda mais em empresas com um número maior de colaboradores, justamente para que eles não sejam *anônimos* e que possamos ter aplicado os princípios de reconhecimento, meritocracia e justiça.

E com qual frequência devemos fazer a avaliação mesmo? Anual? Sim! Sinceramente, me causa desespero ao ver empresas que afirmam que fazem ou vão fazer avaliação de desempenho duas, três ou quatro vezes ao ano. Entenda o porquê.

Se o instrumento fosse avaliação de desempenho (atribuições e metas) tudo bem, mas conforme discutimos no item 2.4, a maioria das avaliações chamadas de desempenho são essencialmente comportamentais. Então, aplicar a tal avaliação de desempenho, que é uma avaliação comportamental, ou aplicar uma avaliação comportamental mais de uma vez ao ano, além de *queimar*, literalmente, o instrumento, porque sempre é o mesmo com as mesmas questões, fazendo que todos entrem numa inércia ou mesmice, faz com que o processo se torne burocrático e sem sentido para a organização.

As empresas fazem isso sustentadas na errônea crença de que precisam do instrumento de avaliação para criar a cultura do *feedback* e ter foco no desenvolvimento das pessoas.

Por favor, ACORDEM!!! *Feedback* deve ser feito sobre comportamento sim, mas *não somos contratados para demonstrarmos competências, e sim para realizarmos com qualidade as atribuições e metas a nós conferidas*. Assim, o motivo da aproximação entre líder e liderado deve ser Responsabilidades e Metas, cuja periodicidade de avaliação e acompanhamento devem ser a maior possível. *Feedback* positivo para as conquistas e orientações para os ajustes necessários, inclusive dos comportamentos que não estiverem adequados, seja na execução das atribuições ou das metas acordadas.

É preciso entender que não mudamos vários comportamentos em uma pessoa. Podemos orientar e montar um plano de ação para um ou dois comportamentos, no máximo. Então, fazer uma avaliação com muitos comportamentos e querer dar *feedback* sobre cada um deles, simplesmente para dizer que fez, infelizmente não leva a nada, a não ser à animosidade.

A recomendação, portanto, para a avaliação comportamental, é de que esta seja feita numa frequência anual, escolhendo um ou dois comportamentos a serem trabalhados, os que mais estiverem impactando na equipe, área ou na organização e, com base nesses comportamentos, montar e acompanhar um Plano de Desenvolvimento Individual.

Pensando na causa e não no sintoma para propor o futuro da avaliação de desempenho:

Cada perspectiva que compõe a avaliação precisa ter uma periodicidade de avaliação e *feedback* para ser implantada a Cultura da Gestão do Desempenho.

2.8. Novos softwares, tecnologias e até Rede Social para avaliar Desempenho

> *"...eles passaram a usar agora um software no qual publicam, sem um cronograma rígido, suas conquistas e anseios relacionados à carreira. Ali também opinam a qualquer momento sobre o desempenho de colegas e chefes."2*

> *"Parte da equipe da sede, no Vale do Silício, começou a usar um software para registrar semanalmente conquistas e desafios. O chefe cria cinco perguntas por semana, que a equipe responde em 15 minutos. Essas respostas, por sua vez, são lidas e respondidas novamente pelo chefe em 5 minutos."2*

Que novos *softwares*, novas tecnologias, quebra de paradigmas devem ocorrer nas empresas, disso eu não tenho dúvidas. Entretanto, ao fazer a leitura das expectativas que as pessoas geram ao ver afirmações como essas destacadas das matérias que estamos estudando, tenho ficado perplexo e bem preocupado.

Que as empresas precisam melhorar sua comunicação e a cultura de *feedback*, não tenho dúvidas sobre isso. Que tentativas podem trazer acertos, mas que certamente geram vários equívocos antes, isso eu tenho certeza, mesmo porque já cometi muitos erros em busca dos acertos.

O preocupante é que alternativas como as apresentadas no relato da matéria, inclusive de *softwares* e aplicativos que algumas empresas já iniciaram divulgação, não podem ser entendidas ou chamadas como a substituição da avaliação de desempenho. Todas as ferramentas que estudei, até então, tratavam de alternativas de comunicação ou registro de informações ou percepções para proporcionar sustentação para conversas, alinhamentos de atividades que colaboradores e equipes estão executando.

Absolutamente nenhuma delas, no entanto, e enfatizo que até o momento da publicação deste livro, podem ser chamadas de novo processo de avaliação de desempenho, pois na essência passam longe desse propósito.

Minha perplexidade é que presenciei profissionais experientes de Recursos Humanos ficarem empolgados com a ideia, inclusive me questionando sobre minhas percepções, pois para eles o futuro da avaliação de desempenho estava ali.

Sempre depois das argumentações, essas pessoas acabam percebendo o quanto foram guiadas pela emoção. E é natural que seja assim, pois na realidade, todos estamos fartos de processos que não são simples e, com a diminuição de recursos que todas as empresas passam, seja para aumento de margem, redução de custos ou aumento de produtividade, o fato é que parece que se encontrarmos algo que em dois minutos resolva nossa vida isso seria a transformação de um sonho.

Existe um trava-língua que diz assim: "Ser gestor é saber ser um ser solidário e solitário". Um gestor sempre está auxiliando as pessoas da sua equipe, por isso solidário, e ao mesmo tempo ele é solitário, pois quanto maior o nível hierárquico, menos tempo seu superior imediato tem para ele. As primeiras posições da empresa, então, somente estando lá para entender. Nem sempre estar cercado de pessoas significa que não há esse isolamento, mesmo que na maioria das vezes seja totalmente involuntário.

Os gestores sempre têm que dar *feedback*, não apenas os que têm como objetivo fazer os ajustes de rota, mas os positivos, que dão incentivos e reconhecimentos. Mas, e quem faz isso para os gestores solitários?

Ao ver iniciativas como as relatadas nas matérias citadas, fico pensando o quanto isso não pode ser interessante para um processo de *feedback*, principalmente para o gestor, sim, aquele ser solitário, ou mesmo para aquele colaborador que não está sendo tão bem assistido por seu líder.

Claro, se isso funcionar dentro da cultura organizacional, fato que pode não acontecer em muitas empresas, ou ainda, algo virar contra o objetivo original, seja por mau uso ou qualquer outra questão.

Independente disso, essas ferramentas podem facilitar o registro de informações para *feedbacks*, mas não podem substituir um processo de avaliação de desempenho. Se a empresa for

Capítulo 2 A Avaliação de Desempenho está Morta... 37

focada em resultados e tiver uma avaliação somente de metas e isso for o que importar para a cultura da organização, tudo bem, a ferramenta ganha até mais importância por registrar fatos para alinhamentos, mas continua sem ser uma ferramenta de avaliação de desempenho.

Chamo a atenção que algumas tentativas precisam ser analisadas e consideradas na cultura organizacional. Por exemplo, houve uma época em que as empresas tinham uma espécie de medidor de humor onde cada colaborador marcava no começo do dia como ele estava se sentindo e, se alguém da equipe não estivesse bem, o gestor deveria procurar conversar com essa pessoa para ver o que poderia ser feito para mudar o ambiente.

Numa ocasião, ao visitar uma empresa do ramo automobilístico, notei que absolutamente todos os colaboradores estavam com seus medidores no nível de felicidade ou de normalidade. Na realidade a energia do local não demonstrava exatamente aquele quadro. Ao fazer amizade com algumas pessoas, resolvi perguntar se realmente aquilo era verdadeiro, ou seja, se todas as pessoas ali realmente estavam felizes, pois aquilo era um *case* para ser amplamente divulgado. Nem precisa dizer aqui a resposta, não é? As pessoas marcavam daquela forma para que não fossem incomodadas com conversas e questionamentos que eles não queriam debater, então, para evitar aborrecimentos, colocavam no placar que todos estavam felizes.

Essa lembrança surgiu porque, em um dos sistemas que prometiam mudar a forma tradicional de ser feita a avaliação de desempenho que assisti, um procedimento do gestor colocar perguntas para a equipe e a equipe ter que gerar respostas era praticamente diário, similar ao relatado no trecho da matéria destacada. O ponto de reflexão aqui é: esse fato será sustentável na cultura da sua empresa até quando? Por quanto tempo os gestores terão folego e poderão investir tempo em perguntas diárias? Será que isso não irá virar mais um procedimento padrão, como do caso da indústria automobilística que relatei e seu medidor de humor?

Mas, a principal das perguntas quando você definir a ferramenta que precisa para o futuro da avaliação de desempenho que irá fazer na sua empresa deveria ser: A proposta metodológica do *software* consegue atender e resolver todas as causas dos sintomas apresentados e refletidos até aqui, ou será apenas mais uma tentativa ou tratativa superficial de um sintoma e não da sua causa?

> **Pensando na causa e não no sintoma para propor o futuro da avaliação de desempenho:**
>
> A proposta metodológica e tecnologia de apoio escolhida deve manter e resolver as causas dos sintomas apresentados e não apenas os sintomas.

2.9. Compatibilidade com a legislação e cultura brasileira

> *"Como parte da solução, trocou longos questionários anuais por quatro perguntas ao final de cada projeto ou a cada trimestre: se fosse meu dinheiro, eu daria um aumento a essa pessoa? Eu quero essa pessoa em meu time? Essa pessoa está pronta para uma promoção hoje? E ela tem risco de baixo desempenho?"*[2]

> *"Algumas experiências parecem flertar com o caos. Na Accenture e na Microsoft, os chefes ganharam o poder de arbitrar a distribuição dos bônus – só não podem recompensar apenas uma pessoa. Na Accenture, eles podem dividir o prêmio em partes iguais. Na Microsoft é preciso haver pelo menos alguma diferença."*[1]

Quando o assunto é Gestão por Competências, temos duas escolas principais de teoria: a americana e a francesa. Particularmente, o modelo que proponho e que será apresentado no próximo capítulo, busquei retirar o que cada uma tem de melhor e fazer os ajustes necessários, objetivando gerar a integração com os outros subsistemas de recursos humanos, estratégia organizacional e processos.

Na realidade, se a metodologia que você irá adotar é A, B, ou C, não importa para a essência do que estamos tratando neste livro, que busca simplesmente fazer uma análise das críticas sofridas pela avaliação de desempenho e buscar entender as causas dos sintomas apresentados.

Fato, porém, é a necessidade, independente de metodologia adotada, deter ciência do que a legislação brasileira exige e também o que a cultura do nosso país tem por tradição.

Algumas questões podem ser óbvias para a cultura americana, que talvez não sejam tão simples assim para a cultura brasileira. Lembre-se, cultura não se impõe. Se constrói, se desenvolve.

Por exemplo, na escola francesa de gestão por competências temos decretada a falência das descrições dos postos de trabalho. No Brasil, isso é uma obrigação para questões trabalhistas e agora também no eSocial.

Para o americano, se o aumento ou promoção for dada para A ou B, o gestor tem uma margem de manobra que o gestor brasileiro não possui, afinal temos uma CLT – Consolidação das Leis do Trabalho – e nela, um *tal* de artigo 461 e seus parágrafos que determinam:

> Art. 461 – Sendo idêntica a função, a todo trabalho de igual valor, prestado ao mesmo empregador, na mesma localidade, corresponderá igual salário, sem distinção de sexo, nacionalidade ou idade.
>
> § 1º – Trabalho de igual valor, para os fins deste Capítulo, será o que for feito com igual produtividade e com a mesma perfeição técnica, entre pessoas cuja diferença de tempo de serviço não for superior a 2 (dois) anos.
>
> § 2º – Os dispositivos deste artigo não prevalecerão quando o empregador tiver pessoal organizado em quadro de carreira, hipótese em que as promoções deverão obedecer aos critérios de antiguidade e merecimento.
>
> § 3º – No caso do parágrafo anterior, as promoções deverão ser feitas alternadamente por merecimento e por antiguidade, dentro de cada categoria profissional.

Em resumo, ter um processo estruturado e sistematizado de avaliação de desempenho é um mecanismo de gestão para a organização e inclusive de proteção contra passivos trabalhistas que venham a pleitear equiparação salarial.

Claro que tudo pode ser feito, mas nem tudo deve ser feito. Quais riscos sua empresa está disposta a correr? Se, mesmo fazendo todas as questões dentro da conformidade ainda corremos riscos mediante a cultura trabalhista brasileira, será que queremos ou devemos aumentar esta exposição? Sabemos exatamente quais são os riscos?

Pensando na causa e não no sintoma para propor o futuro da avaliação de desempenho:
A metodologia deve prever e proteger a empresa dos riscos trabalhistas que podem ocorrer.

Capítulo 3

Conclusões Sobre o que o Futuro da Avaliação de Desempenho Deve Contemplar

Com base nas reflexões dos capítulos anteriores, preparei um resumo dos pontos debatidos e conclusões para orientar a estruturação do Futuro da Avaliação de Desempenho:

1. Competência, Desempenho e Resultados são questões complementares, porém distintas.
2. Um instrumento de Avaliação de Desempenho amplo deve contemplar:
    a. Avaliação de Metas, a ser realizada com a maior frequência possível. No mínimo bimestralmente;
    b. Avaliação de Responsabilidades, que deve ser realizada anualmente, com gestão mensal ou bimestral;
    c. Avaliação de Competências Técnicas, a ser realizada anualmente, com a possibilidade de ampliação desta periodicidade à medida que haja amadurecimento da Cultura da Gestão do Desempenho;
    d. Avaliação de Competências Comportamentais, a ser realizada anualmente.

3. Cada perspectiva que compõe a avaliação precisa ter uma periodicidade de avaliação e *feedback* para que seja implantada a Cultura da Gestão do Desempenho.
4. O resultado da avaliação pode gerar um *ranking*.
5. Negar o *ranking* da avaliação é negar a essência da meritocracia.
6. O problema não é o *ranking* em si, mas como é constituído, mensurado e, principalmente, como ele é aplicado nas políticas de Gestão de Pessoas.
7. Curva forçada não é o caminho.
8. Um processo de avaliação deve existir sem a necessidade da composição de um comitê de calibragem para fazer qualquer alteração no resultado da avaliação.
9. O instrumento deve ter um recurso onde eventuais distorções possam ser facilmente detectadas, e o gestor responsável pela avaliação da sua equipe deve receber as orientações para a intervenção e correção da falha.
10. A Matriz *Nine Box* não deve ser classificada por um comitê de validação ou calibragem. Ela deve ser a projeção resultante do cruzamento da avaliação da qualidade com a qual o colaborador executa suas atribuições e metas atingidas (eixo das entregas) com as competências técnicas e comportamentais (eixo das competências).
11. O conteúdo do formulário da avaliação de desempenho deve focar as responsabilidades específicas de cada avaliado. Embora a avaliação comportamental seja fundamental, o instrumento de avaliação não deve ser essencialmente comportamental.
12. É preciso rever o instrumento de coleta e sua sistematização para evitar injustiça e otimizar a coleta dos dados da avaliação, evitando, assim, que seja um instrumento burocrático e demorado.
13. A avaliação deve gerar a informação correta para o *feedback*, facilitando a condução pelo gestor.

Capítulo 3 Conclusões Sobre o que o Futuro da Avaliação... 43

14. A proposta metodológica e tecnologia de apoio escolhidas devem atender e resolver as causas dos sintomas apresentados e não apenas os sintomas.
15. A metodologia deve prever e proteger a empresa dos riscos trabalhistas que podem ocorrer.

Simples? Claro que não, mas certamente desafiador. Preparado para encontrar o Futuro da Avaliação de Desempenho para a sua empresa?

Capítulo 4

Proposta Metodológica, Foco e Ações para você Construir o Futuro da Avaliação de Desempenho para a sua Organização

Após tantas reflexões e identificar problemas que ocorrem com os instrumentos de avaliação, não seria justo deixar o leitor sem uma diretriz de como resolver essas questões.

O que irei apresentar neste capítulo é uma síntese da metodologia que utilizo, chamada Avaliação de Desempenho com Foco em Competências. Tenho aplicado essa metodologia em diversas empresas públicas e privadas em todo o Brasil, e ela vem gerando significativas contribuições para essas empresas e seus colaboradores.

Efetivamente, com os recursos e sistemas de apoio que utilizamos nas consultorias que realizamos, conseguimos gerar as respostas para as causas dos sintomas apresentados nesse livro e sintetizadas no capítulo 3.

O objetivo desse capítulo é mostrar que essas causas podem ser trabalhadas para que a Avaliação seja efetiva, porém cabe a você identificar os sintomas e estudar as causas daquilo que ocorre em sua empresa para construir *O Futuro da Avaliação de Desempenho*.

Compartilhar essa experiência e visão com a comunidade de Recursos Humanos, para mim, é uma missão de vida. Há alguns anos venho colhendo experiências e aprimorando cada vez mais este modelo de gestão, envolvendo metodologia, publicação de livros e desenvolvendo *software* de apoio para a Gestão do Desempenho. Mais especificamente, desde 2003.

O início foi o desenvolvimento da Metodologia do Inventário Comportamental para Mapeamento de Competências Comportamentais, que trouxe significativas contribuições para a comunidade de Recursos Humanos, com uma forma simples, lógica e ainda com comprovação matemática. As novas vivências e experiências sempre foram materializadas em novos livros, e assim foram trabalhados os temas da Avaliação de Desempenho com Foco em Competências, gerando as integrações com Seleção por Competências, Feedback, Gestão do Desempenho, Mensuração de dados de Treinamento, Remuneração, Matriz *Nine Box* e Dimensionamento da Força de Trabalho.

Peço a compreensão do leitor, pois não tenho o objetivo de explorar e trazer todos os detalhes desses temas. Foram dez publicações, excluindo essa obra. Assim, ficam as referências dos meus livros, todos publicados pela Editora Qualitymark, para que seu estudo possa ser complementado no tema de sua necessidade. São eles:

- *Aplicação Prática de Gestão de Pessoas por Competências*
- *Avaliação de Desempenho com Foco em Competência – A base para a Remuneração por Competências*
- *Seleção e Entrevista por Competências com o Inventário Comportamental*
- *Feedback para Resultados na Gestão por Competências pela Avaliação 360 o*
- *Gestão do Desempenho integrando Avaliação e Competências com o Balanced Scorecard,* com coautoria de Marcia Vespa
- *T&D e a Mensuração de Resultados e ROI de Treinamento Integrado ao BSC*
- *Gestão por Competências no Setor Público,* como organizador e autor

Capítulo 4 Proposta Metodológica, Foco e Ações ... **47**

- *Remuneração: Cargos e Salários ou Competências?*, em coautoria com Romeu Huczok
- *[Re]Descobrindo a Matriz Nine Box*
- *Gestão do Dimensionamento da Força de Trabalho*

Este livro, *O Futuro da Avaliação de Desempenho*, foi publicado com uma versão em formato *ebook*, com distribuição gratuita e também em versão impressa, que inclui *cases* de implantações e capítulos exclusivos que não compõem a versão eletrônica.

Todos esses livros estão disponíveis nas livrarias, normalmente sob encomenda, no site da própria editora – www.qualitymark.com.br – ou no site da Leme Consultoria – www.lemeconsultoria.com.br.

4.1. O modelo proposto: Avaliação de Desempenho com Foco em Competências

Partindo dos conceitos trabalhados no primeiro capítulo deste livro, temos que Competências, Desempenho e Resultados são conceitos complementares, porém distintos.

Não podemos ter um processo de Avaliação de Competências fundamentado somente no CHA – Conhecimento, Habilidade e Atitude – afinal, de nada adianta um profissional ter competência técnica, ter competência comportamental, mas não atingir os resultados esperados.

É preciso ter a competência e também materializá-la no dia a dia, por meio da entrega do colaborador, que são as atribuições que ele executa e as metas que ele deve atingir.

Com todo o respeito aos colaboradores, não importa as competências que um colaborador tenha. O que importa são as competências que ele entrega, pois se ele tem a competência e não entrega, de nada adianta para a organização.

Competência não é Desempenho! Competência é a matéria prima para o bom desempenho.

Portanto, é preciso ampliar o conceito de competência, elevando-o a um patamar mais pragmático e que permita uma integração clara com os objetivos da organização, para que possamos comprovar os benefícios de uma Gestão Estratégica de Pessoas alinhada aos objetivos organizacionais.

Ampliação do Conceito de Competências

Técnica | Comportamental | Resultados | Complexidade (Responsabilidades)

Entrega do Colaborador
CDC – Coeficiente de Desempenho do Colaborador

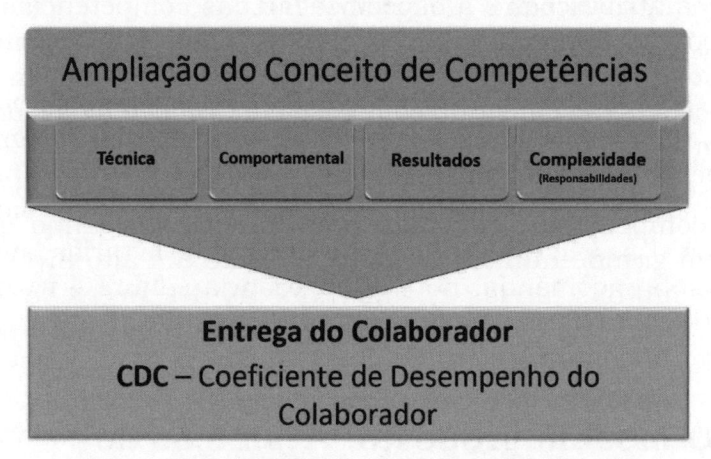

Figura 3: Conceito da Entrega Ampliação do Conceito de Competência

O Conceito de Entrega foi trabalhado por mim em meu segundo livro *Avaliação de Desempenho com Foco em Competência*, onde apresento a metodologia que tem o mesmo nome do livro, cuja mensuração do desempenho do colaborador é a composição de quatro perspectivas básicas:

- Competência Técnica
- Competência Comportamental
- Resultados
- Complexidade

4.2. Mapeamento de Competências por Cargo ou Função?

O termo *função* significa o conjunto das atribuições (tarefas) que o colaborador, lotado em uma determinada gerência, seção, coordenação ou diretoria, deve executar.

Para a gestão por competências funcionar efetivamente é necessário que sejam identificadas e especificadas as atribuições que um colaborador, lotado em uma gerência, seção, coordenação ou diretoria específica, deve executar.

Essas atribuições e a especificação das competências técnicas e comportamentais necessárias irão compor a **Descrição de Função** do colaborador, base para o empenho e também para a Avaliação de Desempenho com Foco em Competências, de acordo com a metodologia proposta.

Existem alguns críticos de métodos que utilizam mapeamento de competências com base nas funções, alegando que ele gera um grande número delas, que existe um alto nível de detalhamento das tarefas e, ainda, que as descrições se tornam voláteis e difíceis de serem mantidas atualizadas. Em todos os trabalhos que realizei, tanto em empresas públicas quanto privadas, utilizando técnicas adequadas para a realização desse trabalho, essas argumentações caem por terra. Sendo assim, vejo apenas ganhos em utilizar o mapeamento e a descrição de função, pautado nas seguintes questões:

I. Desde que bem estruturado e com um sistema de informática voltado para a estratégia de gestão de pessoas – e não como normalmente encontramos no mercado, sistemas que são *simples planilhas* colocadas em um aplicativo (*software*) ou voltados para as questões contábeis de Recursos Humanos (folha, centro de custo etc) – ter um documento, chamado descrição de função, que contenha a especificação de qual é a expectativa da empresa sobre os trabalhos a serem realizados pelo colaborador, não poderá ser prejudicial para a cultura da organização, ao contrário, trará benefícios tanto para ela quanto para o colaborador.

II. Antigamente, ao fazer uma descrição de função e cargo, a recomendação era que deveria informar ao ocupante da função: *o que fazer, como fazer, para que fazer, conhecimentos que deveria possuir.*

Um dia isso foi bom, mas nos tempos atuais, essa recomendação está totalmente equivocada, pois o documento deve conter apenas *O QUE FAZER* e *CONHECIMENTOS E FERRAMENTAS QUE DEVE TER DOMÍNIO.*

O *como fazer* não deve estar na descrição, pois ele faz parte da especificação de processo e procedimento e, estes sim, mudam com o passar do tempo, além de serem voláteis.

III. Se *o que fazer* mudar, não é lógico que o colaborador tenha uma comunicação oficial da alteração?
IV. Tecnologia é volátil e ela compõe a descrição de função no quesito dos conhecimentos e ferramentas que o ocupante da função deve dominar – as competências técnicas. Uma mudança de tecnologia não muda obrigatoriamente *o que fazer*, muda a ferramenta a ser utilizada. Não faz sentido, por exemplo, ter um documento onde esteja registrado quais são os sistemas de informática que um colaborador deve dominar para que, numa avaliação, tenhamos condições de identificar sua necessidade de treinamento por uma metodologia mais pragmática e menos subjetiva ou pelo tradicional Levantamento de Necessidade de Treinamento?
V. Se o *como fazer* mudar, tal mudança deverá estar registrada na área de processos, procedimentos ou manuais, e não na descrição de função. Isso significa que o nível de detalhamento ou a dificuldade de manter a descrição de função atualizada não é tão grande quanto dizem os críticos ao modelo, a ponto de inviabilizar a opção por ele.

São várias as questões que poderíamos discorrer, pois o assunto é amplo, mas vamos fechar este tema com as seguintes ponderações.

Indo diretamente ao ponto, iniciar um processo de avaliação que não deixe claro as expectativas necessárias para que o colaborador cumpra com o seu papel e em que ele será avaliado, de maneira menos subjetiva possível, é querer chegar exatamente nos mesmos resultados insatisfatórios que outras empresas chegaram, culminando nas críticas da avaliação de desempenho. É preciso estruturar o instrumento para obter sucesso.

4.3. As Perspectivas do Modelo

4.3.1. Competências Técnicas

As Competências Técnicas são todos os conhecimentos específicos ou ferramentas que o colaborador precisa conhecer e dominar para realizar as atribuições inerentes à sua função ou papel, tais como: legislação, aplicativos de informática, *softwares* de gestão, metodologias, idiomas etc.

Apresentamos alguns exemplos de competências técnicas:

- Administração Financeira Orçamentária
- Contabilidade
- Sistema Faturamento
- Cálculos Trabalhistas
- Gestão de Projetos
- Governança Corporativa
- Direito Tributário
- Planejamento Estratégico
- Gestão de Processos
- Redação Oficial
- Word
- Excel
- PowerPoint
- Inglês

Competências Técnicas são a união do CH do CHA – Conhecimento e Habilidade – e se justifica pelo fato de ser desnecessário e, em vários casos, impossível de se avaliar o conhecimento desassociado da habilidade da maioria delas.

Para cada competência técnica é determinado um nível de proficiência que o colaborador deverá possuir. A avaliação desta perspectiva ocorre entre líder e liderado.

O objetivo é utilizar uma escala homogênea para todas as competências, porém pode ocorrer que alguma competência tenha a necessidade de ter uma escala específica para melhor mensuração. Veja um exemplo de escala.

Nível	Especificação
0	Não tem conhecimento.
1	Tem conhecimento, sem experiência prática.
2	Aplica, utiliza. Experiência básica.
3	Tem experiência avançada. Questiona, propõe, analisa.
4	Tem domínio pleno. É referência no assunto.

4.3.2. Competências Comportamentais

Competências Comportamentais são as atitudes de um profissional que impactam os seus resultados e desempenho. Elas constituem o diferencial competitivo de cada profissional. É o A do CHA.

Foco em Resultado, Liderança, Comunicação, Trabalho em Equipe, Comprometimento, são alguns exemplos de Competências Comportamentais.

Utilizando uma metáfora, podemos afirmar que o significado e a abrangência de uma competência comportamental são amplos, como um universo, representado pela circunferência completa da figura abaixo.

Entretanto, apenas uma parte deste universo é necessária para uma empresa – a parte mais clara da figura. Nela está o significado daquela Competência Comportamental para a instituição.

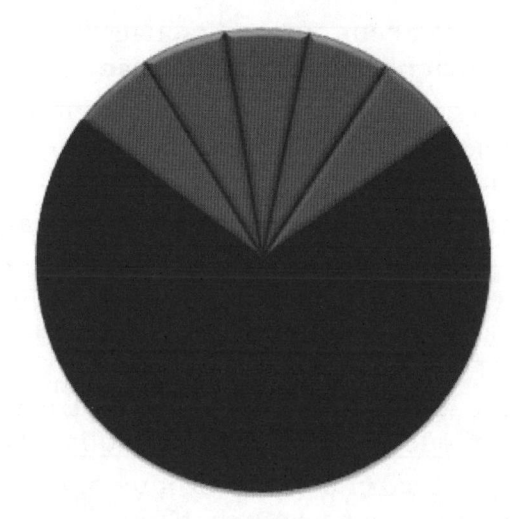

Figura: Metáfora do significado e da abrangência
de uma Competência Comportamental

Comportamento não é Atitude!

Nós podemos observar nas pessoas seus comportamentos e não as suas atitudes. Cada fatia da figura acima representa um comportamento observável.

Comportamento é o conjunto das reações que podem ser observadas em um indivíduo. As atitudes orientam os nossos comportamentos e não são, portanto, os comportamentos em si.

Não podemos observar as Atitudes nas Pessoas. O que podemos observar são os seus Comportamentos. Confuso? Vamos recorrer aos velhos contos infantis, especificamente a história do Pinóquio, para mais uma metáfora.

Pinóquio, o boneco de madeira que tinha vida e queria ser gente de verdade, para realizar seu sonho tinha que cumprir uma missão: ser um bom menino (ou seria ser um bom boneco?).

Enfim, podíamos observar o que ele fazia, como não ir à escola e um monte de coisas erradas. Estes são os COMPORTAMENTOS, aquilo que nós podemos observar.

A história traz também outro personagem, o Grilo Falante, que tinha como incumbência ser a consciência do Pinóquio.

Pinóquio tinha de um lado as tentações do mundo e do outro o Grilo Falante orientando seus passos para que ele pudesse realizar seu sonho.

Se o Grilo Falante fosse invisível para nós nesta história, mas continuasse a orientar o Pinóquio, observando o boneco não conseguiríamos ter a certeza do que exatamente fez Pinóquio alcançar o seu sonho, mas mesmo assim continuaríamos observando seus comportamentos.

O Grilo Falante representa a Atitude, ou seja, a Atitude é aquela *vozinha* interior que nos diz *faça assim* ou *não faça aquilo*.

Em nós, podemos saber o que a voz interior está falando, mas não podemos *ver* essa voz nos outros. Muitas vezes deduzimos as atitudes das pessoas, mas não as vemos, efetivamente. Por isso, não podemos ver as Atitudes, somente os Comportamentos.

Isso não significa que o CHA está errado, ou que o A deveria ser C, formando o CHC. Na realidade, significa um alerta, pois não podemos fazer gestão por competências querendo controlar os comportamentos das pessoas. Isso não motiva, tampouco as desafia.

O desafio é fazer Gestão por Competências com o A do CHA, que significa não gerir comportamento, mas sim desenvolver as atitudes das pessoas para que seus comportamentos estejam adequados.

O Anexo III, exclusivo na versão impressa desse livro, apresenta um resumo da Metodologia do Inventário Comportamental para Mapeamento de Competências, que desenvolvi e que permite encontrar os comportamentos necessários para a organização e para cada função, ainda com comprovação matemática dos níveis mapeados.

4.3.3. A Perspectiva Resultados e o Alinhamento com a Estratégia Organizacional

A Perspectiva Resultados é composta pelas metas e os objetivos traçados para o colaborador. A importância desta perspec-

Capítulo 4 Proposta Metodológica, Foco e Ações ... 55

tiva compor a Avaliação de Desempenho com Foco em Competências se justifica pelo fato de que não adianta um colaborador ter competência técnica, ter competência comportamental, mas não gerar resultados.

Então, avaliação de desempenho não seria considerar exclusivamente os resultados? Há tempos atrás, poderíamos até dizer que sim, porém a demanda do mundo e da gestão contemporânea não nos permite mais esta leitura, pois ela pode passar a mensagem equivocada aos colaboradores *Desempenho é resultado, portanto, atinja o resultado a qualquer custo, mesmo passando por cima de tudo e de todos, inclusive dos valores organizacionais!* Será que é isso o que queremos? Se a resposta for sim, então jogue fora este e qualquer outro livro de gestão por competências, aliás, esqueça esse tema e aquele jargão que *maior capital de uma empresa é o seu capital humano*, por favor.

Os resultados são fundamentais para a existência de uma empresa, porém a maneira que esses resultados são conquistados também deve compor o desempenho. Mais um ponto para a justificativa do nome da metodologia: Avaliação de Desempenho, porém com foco em Competências.

Outra questão importante desta perspectiva é que ela representa o elo entre Gestão de Pessoas e a Estratégia Empresarial. Na prática, a estratégia empresarial, independentemente da metodologia que for elaborada, mas considerando um exemplo de um BSC – Balanced Scorecard, tem o desdobramento em Fatores Críticos de Sucesso, Objetivos Estratégicos, Metas e Planos de Ação.

De maneira geral, os Objetivos Estratégicos compõem a Perspectiva Resultados de diretores. As metas do planejamento irão compor a Perspectiva Resultados dos gerentes ou coordenadores, enquanto os planos de ação compõem a Perspectiva Resultados dos colaboradores.

```
                    ┌─────────────────┐
                    │      Visão      │
                    └─────────────────┘
    ┌──────────────┐  ┌──────────────┐  ┌──────────────┐
    │  Objetivos   │  │    Metas     │  │Planos de Ação│
    │ Estratégicos │  │              │  │              │
    └──────┬───────┘  └──────┬───────┘  └──────┬───────┘
           ▼                 ▼                 ▼
    ┌──────────────┐  ┌──────────────┐  ┌──────────────┐
    │  Diretores   │  │ Gerentes ou  │  │Colaboradores │
    │              │  │ Coordenadores│  │              │
    └──────────────┘  └──────────────┘  └──────────────┘
```

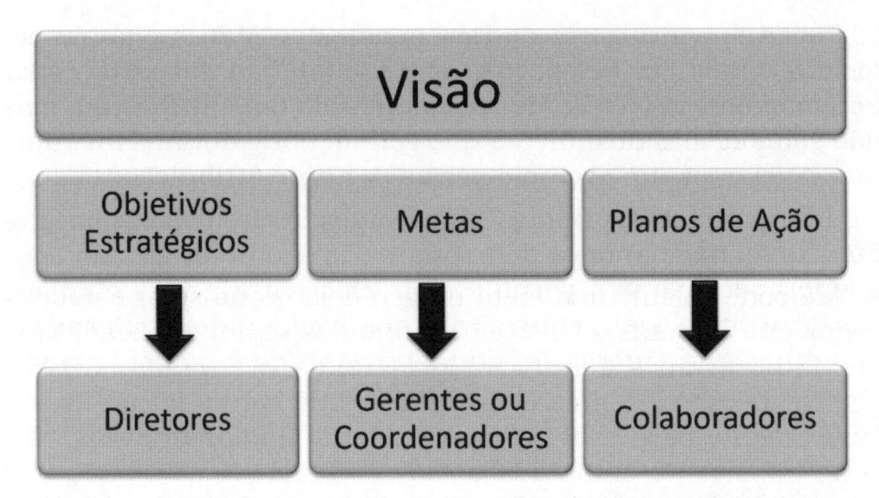

Figura: Desdobramento da Estratégia e Integração com a Avaliação de Desempenho com Foco em Competências

4.3.4. A Perspectiva Complexidade

Para provocar um novo olhar com o objetivo de completar o conceito da Avaliação de Desempenho com Foco em Competências, considere um colaborador que seja ótimo tecnicamente e ótimo no aspecto comportamental e ainda tenha atingido todas as metas que foram traçadas para ele.

Embora esse colaborador tenha obtido tal êxito, considere que ele tenha deixado de realizar alguma das suas atribuições que são de sua responsabilidade e que estão registradas no documento chamado Descrição de Função.

A pergunta é: Podemos afirmar que o colaborador do exemplo teve um desempenho de 100%? Claro que não, afinal ele não cumpriu com perfeição algo que é claro que deveria fazer.

Portanto, a Perspectiva Complexidade tem como objetivo avaliar a qualidade com que o colaborador realiza suas atribuições, pois elas refletem na sua ENTREGA.

Esta perspectiva é composta pelas competências no sentido jurídico da palavra: "compete a este colaborador realizar tais atribuições", que estão registradas, por sinal, na Descrição de Função. Essas atribuições possuem graus de complexidade diferentes.

Capítulo 4 Proposta Metodológica, Foco e Ações ... 57

Provavelmente, o leitor estará pensando: "Mas isso já não estaria apurado na Perspectiva Resultados?". A resposta é *não obrigatoriamente*. Toda meta é oriunda de uma atribuição, mas não são todas as atribuições que geram, obrigatoriamente, uma meta. Vejamos um exemplo para a seguinte atribuição:

"Elaborar notas, ofícios e memorandos referentes aos programas de refinanciamento".

Até pode existir uma meta na gerência ou no setor estabelecendo que as notas, ofícios e memorandos sejam publicadas em até 48 horas após o fato gerador. Esta seria apurada na perspectiva resultados. Considere porém que tal meta não exista formalmente para esta atribuição, o que é mais provável. Não seria importante então avaliarmos a qualidade com que o colaborador cumpre tal atribuição, pois isso impacta as entregas que deve realizar?

Novamente, o leitor pode estar pensando: "Mas isso não ocorre pelo fato dele não ter desenvolvida uma competência técnica?". Mais uma vez a resposta é: *não obrigatoriamente*. Claro que pode ser a falta de uma competência técnica, mas isso não é regra. Por exemplo, o colaborador pode ter a competência técnica, mas não gostar de fazer tal tarefa ou considerar que tal atribuição não deveria ser responsabilidade dele.

Se ficarmos apenas com a crença da hipótese da falta de competência técnica, a primeira coisa a ser feita seria colocar o colaborador em um treinamento. Mas, se o motivo da baixa qualidade da entrega estiver relacionado ao fato dele considerar que aquela atribuição não deveria ser executada por ele, levando-o à desmotivação de realizá-la com qualidade, imagine para onde iria a motivação do colaborador ao ser inscrito em um treinamento para desenvolver uma competência técnica que ele já possui desenvolvida?

Além disso, vamos pensar na utilização dos recursos financeiros para investir em treinamento. Não estaríamos aplicando um precioso recurso financeiro, muitas vezes extremamente escasso, para treinar um colaborador que não precisa ser capacitado naquela competência?

A maneira de termos informações para o melhor diagnóstico e para proporcionar um *feedback* efetivo, é fazer o cruzamento das quatro perspectivas que compõe a Entrega do colaborador, de acordo com a metodologia proposta.

4.4. A mensuração do Coeficiente de Desempenho do Colaborador

A Avaliação de Desempenho com Foco em Competências não é uma única avaliação. Ela é composta de três avaliações – Competências Técnicas, Competências Comportamentais e Avaliação das Responsabilidades que compõem a perspectiva Complexidade – e de uma apuração de Resultados – que são as metas que o colaborador deve atingir.

Portanto, o Coeficiente de Desempenho do Colaborador – CDC – é uma média do resultado obtido pelo colaborador em cada uma das perspectivas. Veja o exemplo:

Perspectiva	Percentual de Desempenho da Perspectiva
Técnica	73 %
Comportamental	87%
Resultados	90%
Complexidade	80%
Soma dos Percentuais	330
Quantidade de Perspectivas	4
CDC	**82,5%**

Tabela: Cálculo do CDC por média simples

O cálculo acima demonstra que o colaborador do exemplo teve um desempenho pelo Conceito da Entrega de 82,5%.

É importante ressaltar que tal coeficiente não tem como objetivo expressar a incompetência de um colaborador, aliás, se isto não for muito bem esclarecido aos colaboradores, por questões culturais, o projeto corre o risco de perder a força.

A análise do CDC tem como objetivo mensurar o quanto o colaborador está entregando e em qual perspectiva ele tem a necessidade de ser desenvolvido.

Entretanto, é possível fazer uma ponderação no cálculo do CDC dos colaboradores. Tal possibilidade se justifica pelo fato de que os colaboradores executam funções diferentes e a expectativa de desempenho de um colaborador em determinada função pode requerer mais de uma perspectiva em relação à outra.

Por exemplo, um colaborador que realiza atendimento ao cliente, a perspectiva comportamental pode ser mais relevante para compor o desempenho do que para um colaborador que realiza cálculos de dívidas.

Temos ainda o exemplo de um diretor ou gerente, cargos que demandam a realização de atribuições de maior complexidade, sendo que neles, em alguns casos, as competências técnicas têm menor impacto no seu desempenho.

Essa ponderação entre as perspectivas deve ser previamente estabelecida e comunicada aos colaboradores. Pode haver inclusive uma ponderação específica para determinadas funções de especializações ligadas à área fim da instituição.

Veja um exemplo de ponderação e como ficaria o CDC do exemplo anterior, considerando a distribuição de 100 pontos, ponderadamente, para uma função associada aos colaboradores.

Funções	Técnica	Comportamental	Resultados	Complexidade
Diretores	0%	30%	40%	30%
Gerentes ou Coordenadores	20%	30%	30%	20%
Colaboradores	30%	30%	20%	20%

Tabela: **Exemplo de Ponderação para Cálculo do CDC por nível hierárquico**

Perspectiva	Percentual de Desempenho da Perspectiva	Ponderação (ref. Gerente)	Pontos
Técnica	73%	20%	14,6
Comportamental	87%	30%	26,1
Resultados	90%	30%	27,0
Complexidade	80%	20%	16,0
Soma dos Pontos			83,7
CDC			**83,7%**

Tabela: Cálculo do CDC por média ponderada

Essas quatro perspectivas, então, compõem o Coeficiente de Desempenho do Colaborador, o CDC, que mensura a efetiva Entrega do colaborador para a organização, ou seja, suas competências, mas agora no sentido amplo e não limitado apenas ao CHA.

Capítulo 5

Checklist: Causas das Críticas da Avaliação de Desempenho *versus* Metodologia Proposta

O capítulo 3 trouxe uma lista de conclusões das causas dos sintomas que afetam a Avaliação de Desempenho. No capítulo 4, apresentei a Metodologia da Avaliação de Desempenho com Foco em Competências, afirmando que nela temos as ferramentas para combater as causas das críticas.

Vamos fazer agora uma *checklist*, comparando as causas apontadas e como a metodologia proposta pode ajudar na construção do Futuro da Avaliação de Desempenho.

Vale ressaltar que a metodologia proposta é uma ferramenta para a construção do Futuro da Avaliação de Desempenho na sua empresa. Ela por si só não resolve, pois o futuro será alcançado com o desenvolvimento e o amadurecimento da Cultura da Gestão do Desempenho.

É fato, porém, que o gestor precisa de instrumentos para o desenvolvimento dessa cultura. Essa, na realidade, é a grande contribuição, mas em momento algum ela é a única ação a ser executada. Lembre-se disso.

Para facilitar os comentários, vou usar a sigla ADC para fazer referência à Metodologia da Avaliação de Desempenho com Foco em Competências proposta.

1. Competência, Desempenho e Resultados são questões complementares, porém distintas.

    A ADC atende esses conceitos conforme as perspectivas: competências técnicas e comportamentais que, juntas, formam a Avaliação de Competências; perspectiva Complexidade, que é a Avaliação de Desempenho; perspectiva Resultados, que traz a apuração das metas do colaborador.

2. Um instrumento de Avaliação de Desempenho amplo deve contemplar:

    a. Avaliação de metas, a ser realizada com a maior frequência possível. No mínimo bimestralmente;
    b. Avaliação de Responsabilidades, a ser realizada anualmente, com gestão mensal ou bimestral;
    c. Avaliação de Competências Técnicas, a ser realizada a princípio anualmente, podendo ter espaçamento de tempo maior com o amadurecimento da Cultura da Gestão do Desempenho;
    d. Avaliação de Competências Comportamentais, a ser realizada anualmente.

    A ADC atende à questão pela estrutura das quatro perspectivas: Competência Técnica, Competência Comportamental, Resultados e Complexidade.

3. Cada perspectiva que compõe a avaliação precisa ter uma periodicidade de avaliação e *feedback,* para ser implantada a Cultura da Gestão do Desempenho.

    A ADC permite essa periodicidade, entretanto, o desenvolvimento da Cultura da Gestão do Desempenho não depende exclusivamente do instrumento da ADC.

4. O resultado da avaliação pode gerar um *ranking.*
5. Negar o *ranking* da avaliação é negar a essência da meritocracia.

Capítulo 5 Checklist: Causas das Críticas da Avaliação ... 63

6. O problema não é o *ranking* em si, mas como é constituído, mensurado e, principalmente, como ele é aplicado nas políticas de Gestão de Pessoas.

   A ADC gera o CDC – Coeficiente de Desempenho do Colaborador – que representa a efetiva entrega do colaborador para a instituição. O CDC pode ser aplicado em diversos subsistemas do RH, como Movimentação, Seleção, Sucessão, Remuneração ou Benefícios. As políticas de RH devem, portanto, prezar pela transparência aliada à meritocracia, que resultará no sentimento de justiça e impacto positivo no clima organizacional. Claro que uma política inadequada de aplicação do CDC irá gerar sentimentos opostos aos desejados, no caso, o problema e foco da atenção não é a ADC ou o CDC, mas sim a política aplicada.

7. Curva forçada não é o caminho.

8. Um processo de avaliação deve existir sem a necessidade da composição de um comitê de calibragem para fazer qualquer alteração no resultado da avaliação.

   Na ADC, cada perspectiva é avaliada individualmente, gerando o CDC como resultado. Logo, o CDC não representa um cálculo delimitado por diretrizes de curva forçada ou que possibilite a alteração do resultado da avaliação por um comitê. O colaborador não compete com os outros. O foco é a Gestão do seu Desempenho.

9. O instrumento deve ter um recurso onde eventuais distorções possam ser facilmente detectadas e, então, o gestor responsável pela avaliação da sua equipe deve receber as orientações para a intervenção e correção da falha.

10. A Matriz *Nine Box* não deve ser classificada por um comitê de validação ou calibragem. Ela deve ser a projeção resultante do cruzamento da avaliação da qualidade com a qual o colaborador executa suas atribuições e metas atingidas (eixo das entregas) com as competências técnicas e comportamentais (eixo das competências).

    Na ADC, a Matriz Nine Box é a projeção do resultado da Avaliação de Desempenho do Colaborador. Da mesma maneira que é gerado o CDC, outros dois coeficientes parciais do colaborador são gerados: o CDC de Competências – da

> *ponderação das avaliações das competências técnicas e comportamentais e o CDC da Entrega – da ponderação das avaliações das responsabilidades (Complexidade) e da apuração das Metas. Essa configuração de Matriz (Entrega x Competência) permite ao gestor visualizar a evolução do desempenho da equipe, além de eventuais problemas de avaliação.*

11. O conteúdo do formulário da avaliação de desempenho deve focar as responsabilidades específicas de cada avaliado. Embora a avaliação comportamental seja fundamental, o instrumento de avaliação não deve ser essencialmente comportamental.

   > *Como a ADC utiliza a referência das descrições de função para obter as responsabilidades que o colaborador deve executar, além das competências técnicas e comportamentais, o instrumento de avaliação contempla exatamente as características de cada posto de trabalho.*

12. É preciso rever o instrumento de coleta e sua sistematização, para evitar injustiça e otimizar a coleta dos dados da avaliação, evitando, assim, que seja um instrumento burocrático e demorado.

   > *Nas implantações de ADC das quais participo, utilizo um software de apoio desenvolvido especificamente para atender às características da metodologia. Não há como fazer uma avaliação ou gestão por competências sem apoio de um sistema, ou ainda, utilizar um sistema que não tenha sensibilidade para as causas dos sintomas debatidos neste livro. Um pequeno exemplo é a técnica que este software utiliza – o GCA – Gestão de Competências AncoraRh – que traz uma otimização do formulário de coleta das avaliações, permitindo que um gestor possa utilizar a mesma referência para avaliar sua equipe. Temos casos de clientes onde os gestores possuíam cerca de dez liderados, sendo que para avaliar toda a equipe em todas as perspectivas da ADC foram utilizados apenas 35 minutos, em média. Caso queira mais informações dessa ferramenta, consulte: http://www.lemeconsultoria.com.br/tecnologia/gca/*

Capítulo 5 Checklist: Causas das Críticas da Avaliação ... 65

13. A avaliação deve gerar a informação correta para o *feedback*, facilitando a condução pelo gestor.
14. A proposta metodológica e tecnologia de apoio escolhidas devem atender e resolver as causas dos sintomas apresentados e não apenas os sintomas.

> *A combinação da ADC com a utilização da Metodologia do Inventário Comportamental (Anexo III) e de um software voltado para a essência da Gestão de Pessoas proporcionam as informações necessárias para o Gestor. Claro que sempre haverá evoluções. Os níveis de exigência aumentam com o passar do tempo. Mas essa é a essência do crescimento, exatamente como tem que ser.*

15. A metodologia deve prever e proteger a empresa dos riscos trabalhistas que podem ocorrer.

> *O CDC gerado pela ADC oferece subsídios para as exigências da Legislação Brasileira, para remuneração fixa, evolução do plano de cargos e remuneração variável. Entretanto, somente a ADC e o CDC não fazem isso sozinhos. A política de Gestão de Pessoas precisa estar alinhada.*

Simples? Claro que não, mas certamente desafiador. E o mais importante: é possível de ser alcançado.

Claro que nem tudo são *rosas no caminho*. É o processo de desenvolvimento de uma cultura, como outra qualquer, ou seja, leva tempo, requer persistência, requer exemplos!

Para mim, são nesses desafios que encontramos a razão de ser da área de Gestão de Pessoas. Uma longa caminhada tem início com o primeiro passo. O Futuro da Avaliação de Desempenho na sua empresa também.

Busque mais informações, mais conhecimentos da metodologia aqui apresentada e de outras também. Compare, analise a cultura, pesquise, estude. Ajude a transformar e melhorar a sua empresa.

Se tivermos que resumir qual seria o Futuro da Avaliação de Desempenho para uma empresa, eu diria: "Desenvolver a Cultura da Gestão do Desempenho!". Que você tenha sucesso nessa empreitada.

Capítulo 6

E depois da Avaliação, qual é o Futuro dos Processos de Desenvolvimento das Pessoas? (Exclusivo da versão impressa)

Com tudo o que vimos até aqui, podemos afirmar que um ponto fundamental é que o Futuro da Avaliação de Desempenho deve ser a evolução para a Gestão do Desempenho, como vimos no capítulo 2, mais especificamente no item 2.6, ao falarmos do *Feedback* e *Feedforward.*

A Gestão do Desempenho somente acontecerá se agirmos proativamente para que os resultados sejam alcançados. É preciso desenvolver as pessoas, ponto comum a todos, mesmo aos defensores ou críticos da avaliação.

Contudo, vivemos em um mundo muito diferente do momento e realidade em que surgiu a maioria das teorias de desenvolvimento de pessoas. Algumas dessas diferenças são muito marcantes, como, por exemplo, a velocidade das mudanças e das transformações.

Em mais um resgate do que também vimos no capítulo 2, o perfil do profissional do futuro é aquele que: deve estar preparado para aquilo que não se sabe o que é, deve ter agilidade para aprender e se adaptar e deve ser responsável pelo seu (próprio) desenvolvimento.

Isso nos permite pensar tanto no Futuro da Avaliação de Desempenho, como, também, em qual será o **Futuro dos Processos de Desenvolvimento das Pessoas**.

Nesse raciocínio, quero apresentar algumas questões para que, a exemplo do que fizemos com o tema da avaliação de desempenho, você possa construir qual é o *Futuro dos Processos de Desenvolvimento de Pessoas para a sua Empresa*, ou seja, o que melhor se adapta à sua realidade.

1ª Reflexão: o foco não deve ser treinamento, mas a aprendizagem e a educação

Ao estruturarmos os processos de desenvolvimento das pessoas não podemos pensar em treinamentos. Treinamento é apenas uma parte do processo de educação e aprendizagem.

Os pais não treinam seus filhos. Eles os educam. Em uma empresa, o treinamento é uma etapa do processo de aprendizagem que compõe toda educação profissional.

Treinamento é importante, mas o foco não deve ser o treinamento. Treinamento é um recurso, uma opção de aprendizagem. Não podemos permitir a errônea crença existente nas empresas, alimentada por gestores ao terminar o processo de avaliação de desempenho e quando vão montar o famoso PDI – Plano de Treinamento Individual – que a solução para qualquer problema que o colaborador tenha seja um treinamento. Essa é uma visão muito simplista para *solucionar* os problemas da área. Ainda mais se o foco for comportamental.

2ª Reflexão: apenas treinamento não resolve

Na realidade, eu gostaria de ter colocado a chamada deste item da seguinte maneira: TREINAMENTO NÃO RESOLVE.

Se apenas treinamentos resolvessem os problemas, eles não existiriam nas empresas e, tampouco, no mundo. Bastaria colocar as pessoas numa sala de aula e proferir algumas palavras, conceitos, *receitas de bolo* e tudo estaria resolvido.

Capítulo 6 E depois da Avalição, qual é o Futuro... 69

Os gestores devem entender que são os responsáveis pelo desenvolvimento da sua equipe e, além disso, também são os responsáveis pelo desenvolvimento de cada membro da equipe individualmente. Esse é o papel do líder, visto como ônus por alguns, mas visto como bônus para o verdadeiro líder.

O treinamento é apenas uma *pequena* parte do processo do desenvolvimento do profissional, sendo que o principal instrumento de transformação quem deve fornecer é o líder e isso ocorre pelo *feedback* do dia a dia.

Treinamento é uma ação de educação que tem como objetivo proporcionar ao participante conhecimento sobre um determinado assunto. O conhecimento que ele adquirir deverá ser colocado em prática e isso fará com que o treinando adquira habilidade. Entretanto, é fato que nem todos os integrantes de um treinamento possuirão as mesmas competências desenvolvidas. Isso ocorre devido ao diferencial competitivo de cada profissional, que está associado à sua atitude ao colocar em prática o conhecimento adquirido.

Alguns dos participantes dos treinamentos nem tentarão colocar em prática o conhecimento. Outros desistirão nas primeiras dificuldades, enquanto alguns procurarão superar as dificuldades, se tornando efetivamente competentes no conhecimento que o treinamento veio proporcionar.

É nesse ponto que entra o importante papel do líder e do *feedback*, pois é o gestor quem deverá incentivar, orientar e corrigir as condutas de cada colaborador. É por isso que o instrumento que realmente transforma as pessoas é o *feedback*, não o treinamento. E o grande responsável por isso é o líder.

O treinamento tem um papel importante e fundamental. Ele pode ser utilizado como uma ferramenta de desenvolvimento em massa, dando agilidade ao processo de educação. Mas é fundamental relembrar que a educação completa não pode ocorrer somente em sala de aula. Ela depende do conteúdo do treinamento, do incentivo e da orientação do gestor e, não menos importante, do próprio colaborador.

3ª Reflexão: diminuição drástica de Treinamento no formato sala de aula e, até mesmo, a sua extinção

Para auxiliar nessa reflexão, vamos explorar os seguintes fatos:

- É preciso tratar diferentes de maneira diferente;
- É preciso otimizar tempo e aumentar a eficiência e eficácia dos processos de aprendizagem;
- Cada vez mais temos menos tempo para tirar o colaborador do local de trabalho para participar de treinamentos.

Quando colocamos várias pessoas em uma sala de aula para assistir a um treinamento, partimos de alguns pressupostos que não são verdadeiros. Entre eles, de que todos possuem exatamente o mesmo nível de conhecimento dos temas que serão expostos e que todos possuem a mesma facilidade de aprendizagem.

Na realidade, essas situações praticamente nunca ocorrem, pois as pessoas possuem experiências e vivências diferentes. É comum notarmos desinteresse ou desmotivação de alguns dos participantes do treinamento quando o facilitador passa por um tema para *nivelar* o conhecimento da turma, ou mesmo quando o facilitador está fazendo um esforço absurdo para que um dos participantes entenda uma questão que todos já compreenderam, mas aquele em especial ainda não, seja por qualquer motivo ou dificuldade de aprendizagem.

Essas questões impactam na eficiência e eficácia dos treinamentos e dos processos de aprendizagem.

É preciso tratar diferentes de maneira diferente. Quando colocamos várias pessoas em uma sala queremos que todos sejam iguais ou que absorvam o conteúdo da mesma maneira.

Claro que a sala de aula proporciona troca de experiências entre os participantes do treinamento e isso é enriquecedor. Mas existem outras formas de proporcionar essas trocas, até mesmo de maneira presencial, em sala de aula. Porém, o ato de transmitir o conteúdo precisa ser individualizado.

Até mesmo no ensino fundamental das escolas já existem modelos e programas nessa direção. Será que não teríamos que fazer o mesmo na educação profissional de nossos colaboradores?

E a disponibilidade para que os colaboradores participem dos treinamentos? Quantas vezes nos debatemos e imploramos para que o gestor permita que seus colaboradores participem dos treinamentos?

O mais comum é encontrarmos gestores reclamando da falta de pessoas para executar as atividades do dia a dia. *Perder* horas de alguém em uma atividade que aparentemente não trará resultados imediatos, então, é utopia.

Por esses motivos, podemos dizer que o treinamento tradicional em sala de aula será, gradativamente, menos utilizado, pois ele não atende a essas demandas do mundo contemporâneo.

Construindo o Futuro dos Processos de Desenvolvimento das Pessoas

Outro fato importante tem a ver com o perfil do profissional do futuro, que deve ser responsável pelo seu próprio desenvolvimento.

Nesse ponto temos um paradoxo: a empresa precisa desenvolver as pessoas, porém foi-se o tempo em que ela tinha a responsabilidade por isso. Hoje, a responsabilidade é de cada colaborador. E agora?!!

Realmente, o colaborador é responsável pelo seu desenvolvimento. Entretanto, a empresa não pode simplesmente *lavar as mãos* com um sonoro "então se vira, colaborador". A área de Recursos Humanos é a responsável por estruturar e direcionar o que é interessante e útil que seus colaboradores desenvolvam, justamente para agregar valor ao negócio da organização.

Essa estruturação e direcionamento alinhados com as necessidades de tratar diferentes de maneira diferente, de otimizar tempo e aumentar eficiência e eficácia dos processos de aprendizagem, e que cada vez mais temos menos tempo para tirar o colaborador do local de trabalho para participar de treinamentos, resultam nas **Trilhas de Aprendizagem**.

As Trilhas de Aprendizagem são um conjunto de ações que permitem que seu usuário (o colaborador, no caso) adquira conhecimentos e aumente suas competências, recorrendo a um banco de informações, que são base da gestão do conhecimento, para promover seu desenvolvimento de forma estruturada à sua realidade organizacional.

Definir a metodologia de construção das Trilhas de Aprendizagem, auxiliar as áreas na estruturação das trilhas e incentivar os colaboradores a utilizá-las são ações da área de Recursos Humanos para estruturar o Futuro dos Processos de Desenvolvimento das Pessoas da sua empresa.

Não devemos confundir Trilhas de Aprendizagem com Opções de Aprendizagem. Em uma metáfora, Opções de Aprendizagem funciona como uma farmácia quando temos um sintoma. Se estou com dor de cabeça, vou à farmácia e escolho o analgésico da marca X, Y ou Z. Também posso fazer um tratamento alternativo com um chá, por exemplo. Ou seja, temos opções para tratar um sintoma.

Assim, trazendo para o mundo corporativo, se o sintoma é um gestor que não sabe dar *feedback*, ele tem as opções de ler o livro X, Y ou Z, assistir ao trecho de um determinado filme e depois entrar em uma determinada lista de discussão, assistir a uma *web* aula, entre outros recursos. Essas são as Opções de Aprendizagem.

Claro que as Opções de Aprendizagem, por si, são muito significativas e importantes. Diria até que seria um primeiro passo. Entretanto, elas não são as Trilhas.

Podemos sintetizar Opções de Aprendizagem como as formas pelas quais um indivíduo pode adquirir uma determinada competência. Entretanto, o grande problema que as empresas vivem não é que seus colaboradores adquiram as competências, mas sim como aplicar na prática essas competências nas atividades que executa, ou seja, em cada atribuição que está sob sua responsabilidade. É justamente nesse ponto a grande contribuição das Trilhas de Aprendizagem.

Capítulo 6 E depois da Avalição, qual é o Futuro... 73

Exemplificando, considere a competência técnica *Redação Oficial*. Podemos ter várias Opções de Aprendizagem para que um colaborador adquira esta competência.

O problema, porém, é a dificuldade que o colaborador tem em aplicar a competência técnica na realização das suas atividades. O gestor se depara com uma situação contraditória: ao avaliar a competência técnica do colaborador ele tem domínio da competência, mas os resultados não são satisfatórios quando ele tem que preparar um processo de contratação por pregão eletrônico ou inexigibilidade, por exemplo. Daí manda o colaborador para um treinamento tradicional. Como o que vai ser tratado no treinamento ele já sabe, fica desinteressado, se sente obrigado e perdendo tempo, além de angustiado, porque o treinamento não está tratando da real necessidade dele.

As Trilhas de Aprendizagem devem focar na aplicação da competência na prática do dia a dia, integrando assim com a Gestão do Conhecimento.

As Trilhas de Aprendizagem devem permitir que o usuário navegue na aquisição e aplicação do conhecimento e não devem ser confundidas com itinerários formativos.

Itinerários formativos são importantes para determinadas aplicações, mas tratam de uma **sequência obrigatória** que o colaborador deve passar (do dicionário: "roteiro de viagem; o percurso que se pretende seguir ou que será feito de um local a outro").

É possível ter itinerários formativos dentro de segmentos de trilhas (parte ou trecho das trilhas de aprendizagem), entretanto, o conceito das trilhas de aprendizagem é mais abrangente e tem uma característica de maior liberdade de navegabilidade, atributo que não faz parte dos itinerários formativos.

Os sistemas LMS — Sistema de Gestão da Aprendizagem (do inglês: *Learning Management System*) são muito úteis para opções de aprendizagem e para os itinerários formativos, devido ao controle que eles oferecem. Entretanto, normalmente não possuem a flexibilidade que as Trilhas de Aprendizagem necessitam, inclusive recursos e características de colaboração das ferramentas *wiki* (ferramentas de colaboração como o *Wikipédia*).

A capacidade para atingir resultados e desenvolver atribuições de maior grau de complexidade

Por fim, mas não menos importante, outra questão que deve ser considerada para estruturar o Futuro dos Processos de Desenvolvimento de Pessoas para sua empresa é compreender como desenvolver nas pessoas a capacidade para que elas atinjam resultados mais complexos e também que consigam executar atribuições de maior grau de complexidade.

Você já ouviu o jargão *"promova seu melhor vendedor para ser gerente. Perca seu melhor vendedor e ganhe um péssimo gerente."*

Normalmente, as pessoas consideram que o problema é comportamental ou técnico. Tudo bem, algumas vezes até pode ser, porém em muitos casos, para não dizer na grande maioria, o problema não é esse. O problema está na dificuldade que a pessoa tem em executar atribuições com um grau de complexidade maior.

Do ponto de vista comportamental, por exemplo, *dar retorno ao cliente* pode ser um comportamento que tanto uma recepcionista tenha que demonstrar quanto o presidente da empresa. Porém a complexidade exigida para o presidente é muito superior à exigida pela recepcionista.

Provavelmente, o vendedor promovido a gerente do nosso exemplo, já fazia esses e outros comportamentos, entretanto a complexidade do novo cenário é maior.

Vejamos:

- Se um colaborador tem um problema de competência técnica, podemos resolver com alguma ação de capacitação, como um treinamento, instrução, leitura, curso *online* etc.
- Se um colaborador tem um problema de competência comportamental, podemos trabalhar com *feedback* ou ações de *coaching*.
- E se o problema estiver na capacidade de executar determinadas ações com grau de complexidade maior? Como resolver?

Capítulo 6 E depois da Avalição, qual é o Futuro... 75

O que permite um colaborador aumentar sua capacidade em executar atribuições ou atingir metas de maior complexidade é a *experiência de vida* ou *quilômetros rodados,* como se diz popularmente.

Não adianta aplicar mais treinamentos. Não adianta aplicar *coaching*, porque o problema não é comportamental ou de superação de crenças limitadoras. O problema é experiência de vida.

A questão é que não podemos esperar 5, 10, 15 ou 20 anos para que o colaborador ganhe essa experiência de vida, porque o mundo está numa velocidade absurda. O que fazer, então? Como precipitar esses *quilômetros rodados*?

A resposta está nos Processos de Mentoria. O *Mentoring* é a ferramenta que permitirá que o colaborador ganhe essa experiência a partir do compartilhamento da experiência de quem já possui a rodagem de vida.

Parece óbvio, porém é necessário estruturarmos os processos de mentoria e prepararmos os profissionais experientes em suas áreas para que eles sejam mentores. A solução, na maioria dos casos, está na própria empresa.

Temos, assim, a oportunidade de mesclar as possibilidades das Trilhas de Aprendizagem conectadas com a Gestão do Conhecimento com a experiência profissional da Mentoria.

Essas são as minhas considerações para que você possa pensar, estudar e preparar o Futuro dos Processos de Desenvolvimento de Pessoas para sua empresa.

Capítulo 7

Da Teoria para a Prática: *Cases* de Empresas Públicas e Privadas que Implantaram e Usam a Avaliação de Desempenho

Organização: Facchini Implementos Rodoviários
Porte: Grande
Tipo: Empresa Privada

Quando assumiu a Diretoria Administrativa e Financeira da Facchini, em 2009, o senhor Marcelo Mafhuz Facchini passava pelo processo de sucessão no primeiro nível de gestão da companhia. Foi neste momento, também, que o Sr. Marcelo iniciou uma profunda modernização da área meio da empresa, mas o desafio era grande: compatibilizar a estrutura administrativa, processos e políticas ao contexto de mercado e concorrência, um grande desafio para uma empresa com estrutura familiar.

A decisão imediata foi iniciar uma incansável batalha contra a acomodação de procedimentos administrativos que não mais atendiam ao estágio de maturidade da empresa, sempre buscando estimular a criatividade e a inovação das pessoas para alcançar a melhoria desejada. No que tange aos recursos humanos, havia uma especial necessidade de estímulo, de implementar algo novo, que proporcionasse o desenvolvimento dos empregados e alinhasse as estratégias do negócio com os objetivos dos colaboradores, deixando cristalino o que a empresa esperava de cada um e ainda possibilitasse aos empregados opções de carreira, através de regras claras e bem definidas. Diante disso, surgiu o projeto que introduziu a avaliação de desempenho com foco em competências na organização.

Nesse momento, a Facchini S/A, com mais de 50 anos de atuação no mercado de implementos rodoviários, posicionada entre as maiores indústrias metalúrgicas do país, líder de mercado em diversos seguimentos de atuação, contando com mais de 4.500 empregados, sabia que seria necessário para a implantação confiar a coordenação do projeto a alguém que conhecesse a cultura da organização, práticas de gestão de pessoas, os gestores e as particularidades da companhia. Ao Sr. Joel Henrique Tobal coube essa incumbência, o desafio de *fazer acontecer* um projeto dessa magnitude e ele, com muita perseverança, contribuiu de diversas formas para o sucesso da implantação do projeto.

Foram definidas de forma estratégica as etapas para a implantação do projeto. A primeira seria a implantação da avaliação de desempenho como ferramenta de gestão, para promover o desenvolvimento dos nossos colaboradores, passando neste momento a formalizar o ato do *feedback*, com muito mais informações, recursos e fundamentos, além da redução da subjetividade, algo fundamental no mundo contemporâneo, para em seguida realizar ações que possibilitariam o desenvolvimento dos colaboradores nas deficiências identificadas nos ciclos das avaliações, bem como a evolução desses profissionais no decorrer do contrato de trabalho, com prospecções habituais, que permitiriam o acompanhamento de evolução, estagnação ou retrocesso de nosso quadro de pessoal.

Fazendo parte do escopo do projeto, a segunda etapa, em ato contínuo à implantação com êxito da avaliação de desempenho, foi o desenvolvimento da política do plano de cargos, carreiras e remunerações, com o intuito de disponibilizar aos colaboradores, de forma nítida, as carreiras que poderiam objetivar na organização, inclusive seus requisitos, vinculadas ao processo de gestão por competências e desempenho.

Apesar de reconhecermos a implantação da avaliação de desempenho, por si só, como um grande desafio, que proporcionaria ganhos reais de eficiência em diversos aspectos, inclusive em produtividade, ela estava inserida em um objetivo maior: o de promovera predominância dos colaboradores que possuíam desempenho de alto rendimento, dos mais competentes, eficientes e, até mesmo, dos que se destacam intelectualmente, proporcionando no quadro de empregados a seleção com preceitos fundamentados nos méritos pessoais daqueles que estão empenhados verdadeiramente com a organização e seus objetivos.

Em suma, a expectativa era inserir na empresa um processo, com procedimentos claros e acessíveis a todos e que garantisse a recompensa aos colaboradores que fossem merecedores desta, estimulando todo um ciclo positivo nos negócios e nas carreiras.

Para que esse projeto atingisse o seu propósito, foi necessária a escolha criteriosa do método que seria aplicado. A forma de fazer a implantação era algo demasiadamente importante para nós, do ponto de vista da objetividade, transferência de *know--how* e segurança técnica do parceiro eleito para executar o trabalho. O projeto deveria prever um procedimento o menos subjetivo possível, tangível, com resultados que fossem passíveis de mensuração e comparação, não restrito apenas à medição de cumprimento de tarefas, mas que mensurasse também as competências técnicas e, principalmente, as competências comportamentais, desafio de alinhamento para empresas de todos os portes, que é amplificado em organizações com muita capilaridade de unidades e de pessoal, como é o caso da Facchini.

O projeto vencedor deveria ainda obter como diferencial a *visão de futuro*, ou seja, possibilitar o desenvolvimento de carreira dos colaboradores, que identificasse os pontos fracos para evolução e estimulasse os pontos fortes, possibilitando que eles ficassem ainda melhores, permitindo também alinhar as necessidades de gestão de pessoas, avaliação de desempenho e carreira com os objetivos e estratégias da empresa, viabilizando o engajamento dos empregados através da clareza do que a Facchini esperava de cada empregado.

Nesse contexto, e considerando ainda as especificidades do negócio, região de atuação e até a cultura da organização e estrutura do RH no momento da execução do projeto, a empresa decidiu buscar auxílio de pessoas com experiência e com método de trabalho que atendesse aos seus anseios. Nesse momento decidiu-se pela contratação da Leme Consultoria.

A Facchini sabia das dificuldades a serem enfrentadas, da pluralidade e complexidade do negócio, a enormidade de informações que seriam processadas no projeto, as etapas necessárias, dentre outras características situacionais. Contudo, a grande preocupação estava fixada na mudança de cultura da organização; esse era o ponto para o qual não havia diagnóstico preciso para prever todas as consequências das ações que seriam realizadas no curso do projeto.

Assim, os procedimentos foram cumpridos, sempre com atenção especial aos impactos na mudança de cultura da organização, que necessariamente deveria ocorrer.

A mobilização de todos era primordial para o sucesso do projeto, principalmente da Diretoria e da alta gerência da empresa, pois sabíamos que o impacto na cultura da organização era o ponto vulnerável, o nosso fator crítico de sucesso.

Foi necessário ter paciência, agir de forma lenta e cuidadosa para atingir níveis de maturidade em determinados momentos (etapas do projeto), para somente aí avançar novamente; em alguns momentos chegando ao ponto de serem refeitas etapas já concluídas, para alcançarmos o resultado almejado, o que posteriormente se concretizou, visando à obtenção do maior nível de engajamento possível.

Muitas vezes, em projetos desta envergadura, é necessário dar um passo para trás para posteriormente avançar com maior consistência, e hoje podemos ver o quanto valeu a pena esperar e reprogramar processos e expectativas presentes, em prol do longo prazo sustentável.

Após dois ciclos anuais, a avaliação de desempenho tornou-se uma ferramenta de gestão digna de credibilidade para alicerçar tomadas de decisões e a implantação de diversas ações que contribuem diretamente com a estrutura e o trabalho diário do RH, além de embasar diversas ações estratégicas do negócio.

Atualmente, a avaliação de desempenho continua sendo executada em ciclos anuais, sendo aprimorada em pequenos procedimentos a cada ciclo e atualizada de acordo com a demanda da organização e, como previsto no início do projeto, embasando diversas ações nas práticas de gestão de pessoas, junto ao quadro de empregados.

O projeto foi concluído com êxito e a continuidade de suas ações é garantida pelo setor de Gestão de Pessoas com apoio e intervenções necessárias da Diretoria.

Os processos de *feedback* são formais, ressaltando os pontos positivos e a serem desenvolvidos, sempre resultando em penhor do avaliador e avaliado de algo a ser melhorado ou desenvolvido.

As avaliações são aplicadas nas perspectivas técnica, comportamental e de responsabilidades, sendo que os resultados são processados e submetidos à análise comparativa com os resultados obtidos nos últimos três ciclos, algo que possibilita o acompanhamento individual do desempenho de cada empregado, sendo alicerce para diversas decisões e ações de iniciativa da organização e até mesmo de seus colaboradores.

É claro que é mais fácil questionar o passado do que prever o futuro e isso me leva a crer que, se pudéssemos, teríamos feito tudo de novo, da mesma maneira, com a mesma dedicação. Penso que dedicar-se ao trabalho, ao negócio e às pessoas são princípios que nos tornam melhores, mais fortes e, principalmente, nos fazem dar valor aos momentos bons e intensificar a concentração em momentos difíceis.

Mesmo neste ambiente de crise econômica que se estabeleceu no Brasil em 2015 e 2016, nossa empresa continua preocupada em manter projetos importantes como a gestão por competências e fortalecer ainda mais as práticas de gestão, para que possamos competir e, principalmente, trabalhar em prol do futuro, pois crises passam, mas estrutura de gestão fica e gera, comprovadamente, diferenciais competitivos, algo que perseguimos de maneira incansável na Facchini.

Nome: Marcelo Mafhuz Facchini
Função: Diretor Geral
Setor: Diretoria Industrial
Data: Dez/2016

Nome: Joel Henrique Tobal
Função: Supervisor de Planejamento e Remuneração
Setor: Planejamento e Remuneração de Pessoal
Data: Dez/2016

Comentário dos autores: empresas de grande porte, como é o caso da Facchini, têm curva de maturidade mais longa na implantação de programas e projetos voltados ao processo de modernização da gestão. Isso ocorre, pois a mobilização de um grande quadro de profissionais é mais difícil, já que fazer a informação chegar a todos os níveis da organização de modo uniforme e inteligível para os diferentes tipos de público é desafio incompatível com a expectativa de resultados em curto prazo.

Mesmo nesse ambiente desafiador, a Facchini empregou em sua estratégia uma abordagem, na medida do possível, participativa e muito transparente em relação à expectativa do modelo de gestão, tanto para a Consultoria quanto para seus Colaboradores e Diretoria.

Como resultado, colheu uma empresa moderna, adequada ao ambiente contemporâneo de negócios em seu setor, competitiva e muito reconhecida por ser excelente formadora de profissionais.

Organização: Tribunal de Justiça de Rondônia – Poder Judiciário
Porte: Grande
Tipo: Instituição Pública

Trabalho no Tribunal de Justiça do Estado de Rondônia há dez anos, atuando sempre na área de RH. Isso se deu inicialmente pela minha formação em Administração. Logo no meu primeiro ano na instituição comecei a trabalhar no setor de desenvolvimento e capacitação de pessoal, onde estou até hoje. Nosso principal processo era a capacitação de servidores e nossa grande missão era oferecer formação e capacitação aos servidores nas áreas de conhecimento apontadas por meio do Levantamento de Necessidades de Treinamento – LNT.

O Tribunal sempre investiu bastante na capacitação das pessoas, porém um sentimento de insatisfação permeava entre os servidores. Algumas áreas concentravam um volume maior de capacitações, enquanto muitos servidores não tinham acesso aos cursos, bem como não se percebia a contribuição dessas capacitações no resultado da instituição. A busca por um Plano de Capacitação mais eficaz era alvo incansável das unidades responsáveis pelo processo.

Numa outra perspectiva do desenvolvimento de pessoas, desde que entrei na instituição havia a preocupação em implantar a avaliação de desempenho dos servidores, afinal, desde 1993 a legislação exige a aplicação desta ferramenta para o desenvolvimento na carreira. A discussão se dava no âmbito de como aplicar uma ferramenta que, de fato, fosse utilizada na essência do seu conceito, mensurando o desempenho do servidor e, a partir disso, reconhecendo o mérito de quem se destaca, proporcionando ações de desenvolvimento das pessoas que não têm alcançado o resultado esperado, ou apenas ter um formulário para garantir a progressão funcional e consequente avanço na carreira e aumento salarial?

Essa inquietação em implantar a avaliação de desempenho na instituição se refletiu no primeiro Plano Estratégico aprovado para o quadriênio 2008-2011, no qual definiu-se como ação estratégica a implementação da avaliação de desempenho dos servidores por mérito, para alcançar o Objetivo Estratégico: "Efetivar políticas de gestão de pessoas nos âmbitos da capacitação, do incentivo e da integração com intuito de promover o desenvolvimento profissional, pessoal e a qualidade de vida".

Nas discussões sobre como implementar uma ferramenta de avaliação de desempenho eficaz, analisando as metodologias existentes, já na revisão da estratégia em dezembro de 2009, dentro do tema *Desenvolvimento de Pessoas*, chegou-se ao entendimento da urgência em realizar a gestão por competências de modo a incentivar o aproveitamento dos conhecimentos, habilidades e atitudes dos servidores e magistrados e assim garantir o alcance do objetivo estratégico: "Desenvolver ações que garantam aos servidores e magistrados conhecimento, habilidades e atitudes essenciais ao alcance da estratégia."

O amadurecimento dos debates sobre a avaliação de desempenho culminou no novo PCCS aprovado em 2010, por meio da Lei Complementar nº 568, de 29 de março de 2010, que prevê a associação da progressão funcional a um sistema de qualificação e avaliação de desempenho por competência e mérito.

A partir do momento em que passou a fazer parte da estratégia da instituição e da legislação que trata do plano de carreira, cargos e salário da instituição, a necessidade de realizar a gestão por competências como forma de garantir aos servidores e magistrados os conhecimentos, habilidades e atitudes essenciais ao alcance da estratégia, a área de gestão de pessoas assumiu um lugar mais estratégico, afinal são as pessoas que executam as atividades para que a prestação jurisdicional aconteça de modo satisfatório.

Nesse novo cenário, a equipe da área do RH se aprofundou nos estudos da literatura à procura de uma metodologia que atendesse às expectativas da instituição. O objetivo era implantar a gestão por competência mapeando todas as funções da instituição, o que foi um grande desafio, porém optou-se por esse caminho para garantir a continuidade do projeto ao longo do tempo, bem como o mesmo modelo de gestão para todos da Instituição. Apesar de ser algo que faz parte da estratégia e da legislação interna da instituição, implantar processos relacionados a pessoas, que afetam diretamente a cultura da organi-

Capítulo 7 Da Teoria para a Prática

zação, não é uma tarefa fácil. Havia um histórico na instituição de descontinuidade de projetos, a exemplo da certificação ISO 9001 que não avançou na instituição, mesmo após grande mobilização, o que causava receio por parte de todos.

Considerando o volume do trabalho e a falta de pessoal qualificado para realizar esta empreitada, optou-se pela contratação de uma consultoria para nos apoiar no desenvolvimento de um modelo de gestão por competências no TJRO. Uma grande preocupação era encontrar alguém que tivesse, além do conhecimento teórico, a experiência em outras instituições públicas, fator crítico de sucesso para um trabalho como este.

Na gestão do Desembargador Cássio Rodolfo Sbarzi Guedes, no biênio de 2010/2011, visando atender ao objetivo de implementar um modelo de gestão de pessoas com foco em competências, com finalidade de possibilitar uma atuação estratégica da área de gestão de pessoas, melhorando os processos de recrutamento, seleção, retenção e desenvolvimento dos servidores do TJRO e promovendo a efetiva progressão funcional por mérito, buscando compreender quais são as competências críticas para o sucesso da organização, desdobrando-as em competências profissionais e desenvolvendo-as junto ao quadro de pessoal, o Tribunal de Justiça do Estado de Rondônia contratou a empresa Leme Consultoria para prestar serviços de consultoria para desenvolvimento de um modelo de gestão por competências, em 2011.

Para condução do projeto e acompanhamento dos trabalhos realizados pela consultoria, a instituição definiu uma comissão de implantação composta por servidores do RH e do planejamento, e esses profissionais realizaram capacitações na área de gestão por competência e visita técnica ao TRT8, Tribunal que já utilizava a metodologia da Leme Consultoria. A primeira ação da consultoria foi a realização de um treinamento de alinhamento da metodologia que seria implantada aos membros da comissão de implantação.

A implantação do programa de gestão por competências tinha como foco principal melhorar o plano de capacitação de servidores e implantar a avaliação de desempenho com foco em competências. Para isso, a implantação aconteceu em quatro etapas principais, a saber:

1. Sensibilização;
2. Definição das Competências Organizacionais e Técnicas;
3. Construção das Descrições de Função;
4. Avaliação das competências comportamentais e técnicas dos servidores.

Sensibilização

O primeiro passo para o sucesso da implantação de um modelo de gestão, que impacta e transforma a forma de gerir as pessoas, deve ser uma sensibilização eficaz. Somos do Judiciário e temos como missão oferecer à sociedade efetivo acesso à justiça, logo, o Direito é a base de conhecimento da instituição. Para implantarmos novos conceitos, como o da gestão por competências, faz-se necessária ampla divulgação para que as pessoas consigam visualizar os benefícios disto para a prestação jurisdicional.

Conscientes da importância deste momento, primeiro foram apresentadas a definição e os objetivos da implantação do modelo de gestão por competências, bem como o impacto que haveria no subsistema de capacitação, com o desenvolvimento individual de cada servidor conforme a necessidade pontual apresentada em cada ciclo de avaliação. Isso se deu por meio de apresentações à Alta Administração e aos gestores, porém o público foi restrito à capital. Também foram divulgadas matérias nos portais da instituição para dar conhecimento aos servidores. Apesar dessas ações, ficou evidente ser imprescindível a massificação da divulgação do programa, pois como não é matéria do trabalho diário dos servidores, a absorção dos conceitos acontece de forma lenta e gradativa.

Definição das Competências Organizacionais e Técnicas — Um Trabalho Denso e Fundamental

Após a definição da equipe e institucionalização do projeto, como preceitua o Guia de Gestão por Competências no Poder Judiciário, estabelecido pelo Conselho Nacional de Justiça — CNJ, iniciamos a fase mais densa do projeto, o mapeamento das competências. Para esta etapa foram utilizadas a metodologia do Inventário Comportamental para Mapeamento de Competências e a metodologia do Mapa de Atribuições por Produtos – MAP.

De maneira construtiva e participativa, os servidores ocupantes de cargos de direção, chefias e assessoramento do Tribunal (capital), bem como diretores de sete comarcas polo, foram convidados a participar de uma reunião onde foram coletados os indicadores comportamentais, por meio de sensibilização quanto aos conceitos gerais da metodologia utilizada e da implantação do programa. Nesta reunião, foi realizada uma atividade chamada *Gosto/Não Gosto/O Ideal Seria*, com o objetivo de coletar com os participantes os indicadores de comportamentos organizacionais, considerando os comportamentos observáveis entre os demais profissionais do Tribunal, tendo como resultado uma lista de comportamentos específicos, que foram associados a títulos de competências, formando, assim, o rol das competências organizacionais por meio de um Inventário Comportamental, contendo competências e seus respectivos indicadores (comportamentos).

Para a definição das competências técnicas, utilizou-se o instrumento do MAP – Mapa de Atribuições por Produtos – que se trata de planilha eletrônica, previamente preparada, onde os gestores e suas equipes inseriram três informações correlacionadas:

1. Produtos a serem entregues pela unidade;
2. Atribuições necessárias para a efetiva entrega dos produtos identificados;
3. Competências Técnicas (conhecimentos específicos) necessárias para o efetivo cumprimento das atribuições identificadas.

Construção das Descrições de Função

Realizado o mapeamento das competências comportamentais e técnicas, finalizamos com a construção das Descrições de Funções. O resultado final foi a definição das Atribuições e das Responsabilidades executadas pelos servidores, níveis de proficiência das Competências Técnicas e Formação Acadêmica ideal. Em suma, foi construído o que deve ser feito e quais os conhecimentos técnicos necessários ao pleno cumprimento das atribuições identificadas, trabalho aparentemente simples, mas que demanda muita dedicação de gestores e da comissão de implantação.

Esta foi a fase que exigiu maior tempo, com início em junho de 2011 e encerramento em agosto de 2012, dada a complexidade da atividade e também a amplitude do Tribunal, tanto geográfica, quanto em termos de quantidade de pessoal. Nesse período, em decorrência da mudança de gestão do Tribunal, ocorreram várias alterações na Comissão de Implantação, exigindo dos novos membros a familiarização com o projeto, o que também contribuiu para a dilação do prazo desta etapa, pois além do preenchimento dos MAPs pelos gestores, posteriormente realizavam-se reuniões com os consultores da empresa e membros da Comissão. Exemplo dessas transições aconteceu comigo, que apesar de acompanhar o início da implantação, comecei efetivamente a participar das ações a partir de 2012, quando assumi a coordenação do projeto.

Outra questão que impactou no prazo da realização desta fase foi o fato de que a metodologia parte do princípio de que devemos trabalhar a partir das chefias de nível operacional, onde realmente acontece a execução das atividades, avançando hierarquicamente na construção dos MAPs. Porém, identificou-se a falta de autonomia dessas chefias, onde muitas vezes os servidores subordinam-se diretamente aos diretores e não às chefias imediatas, trazendo à tona a preocupação com o perfil do gestor e o seu papel como líder junto aos servidores, demonstrando a necessidade de preparar as nossas chefias para o papel de gestores de pessoas, já que é traço muito forte da instituição o líder ter atuação focada na gestão dos processos das unidades.

Avaliação das Competências Comportamentais e Técnicas dos Servidores

Com a definição das descrições de função, há a clareza do que se espera dos servidores e gestores em cada unidade da instituição. Chegava a hora de identificar as competências técnicas e comportamentais dos servidores, saber como eles estavam quando comparados ao estabelecido nas descrições de função.

Como este era um processo novo (pois, na instituição, os servidores passavam por avaliação de desempenho apenas no estágio probatório), antes de disponibilizar a avaliação das competências foi necessária a realização de uma sensibilização dos servidores para as avaliações.

A fase de sensibilização para avaliação das competências foi um momento muito importante para o projeto, pois somente nessa ocasião a maior parte dos servidores teve conhecimento dele e pôde fazer a conexão das atividades antes realizadas com a atual fase e finalidade do projeto. Por esta razão, o DRH junto com a Comissão decidiu levar a todas as Comarcas a palestra explicativa do programa e da avaliação de competências.

Posteriormente ao período de avaliação das competências, a Comissão de implantação e consultores se deslocaram novamente para todas as Comarcas, para o treinamento dos servidores e gestores sobre *Dar e Receber Feedback*, que é momento em que o gestor apresenta os resultados da avaliação à sua equipe e faz o empenho do que se espera de cada servidor. Mais uma vez, cabe salientar a importância deste contato com os servidores, pois a cada visita eles compreendiam melhor o projeto.

Os resultados das avaliações das competências comportamentais e técnicas dos servidores subsidiaram a atuação da área de capacitação, proporcionando aos servidores capacitação priorizada nas competências em que foram identificadas as lacunas ou necessidades de treinamento.

No primeiro ciclo, nem todas as áreas foram mapeadas e a adesão dos servidores nas avaliações não foi total. Porém, a partir do resultado das ações de desenvolvimento dos servidores que participaram, a adesão apresentou tendência de ampliação, fenômeno este que anda em linha com a tendência para os próximos ciclos, inclusive pelo fato de os servidores começarem a se familiarizar com a metodologia e a visualizar os resultados obtidos.

Avaliar não é um processo fácil e no serviço público o desafio torna-se maior, principalmente numa instituição que não possui a cultura de avaliação. É notório que, muitas vezes, não está claro para as pessoas o seu papel na instituição, como o seu serviço contribui para o alcance da missão, nem o que sua chefia espera de você. A partir do momento em que precisamos avaliar, o diálogo torna-se necessário, para que se possa alinhar o que se espera e como estão sendo desempenhadas as atribuições. Avaliar comportamentos, então, foi um grande desafio para todos, uma reeducação para o trabalho!

Diante desse cenário, resolvemos implantar a avaliação de desempenho com foco em competências de forma gradual.

No primeiro ciclo, realizado em 2013, foram avaliadas apenas as competências técnicas e comportamentais por meio da avaliação 180 graus. Havia um anseio dos servidores em poder avaliar suas chefias, mas entendemos que, naquele momento, um processo gradativo traria maior valor, tanto para as pessoas quanto para a instituição.

As avaliações começaram a ser realizadas anualmente, e já no segundo ciclo incluímos a perspectiva responsabilidades, isto é, a avaliação do cumprimento das atribuições do servidor. Atendendo às expectativas dos servidores e a maturidade do modelo de gestão na instituição, o modelo da avaliação foi alterado para 180 graus + subordinados na avaliação comportamental, ou seja, além da avaliação do superior e autoavaliação, foi acrescentada a avaliação do superior pelo subordinado.

É importante ressaltar que, como o projeto é de longa duração, perpassando várias administrações, um grande desafio é, a cada gestão, demonstrar a importância e os benefícios para a instituição.

Um marco importantíssimo para o estabelecimento do modelo na instituição foi a publicação da Resolução 002/2015-PR, em 13 de março de 2015, que regulamenta o processo de avaliação de desempenho por competências e a progressão funcional dos servidores em exercício no Poder Judiciário do Estado de Rondônia, após aprovação em estágio probatório.

A dificuldade que temos enfrentado é na implantação da perspectiva *resultados*, quarta perspectiva do modelo de avaliação de desempenho, em virtude da dificuldade de monitorar os resultados das unidades no que diz respeito ao cumprimento das metas estabelecidas. Mas estamos confiantes de que, da mesma maneira que iniciar o trabalho contra a tendência cultural da organização foi desafiador e ao mesmo tempo prazeroso e possível, será apenas uma questão de tempo para que possamos implantar a perspectiva resultados e avançar em passos largos, rumo à melhoria da gestão de pessoas para a organização, sociedade, Magistrados e Servidores.

Conclusão

Iniciamos efetivamente a implantação do modelo de gestão de pessoas com foco em competências no TJRO em 2011, realizando o primeiro ciclo avaliativo em 2013 e, desde então, passou a ser realizado anualmente. O quarto ciclo avaliativo aconteceu no segundo semestre de 2016. Nesses cinco anos evoluímos bastante no processo, e podemos dizer que a gestão por competências hoje faz parte da realidade da instituição. Porém, sabemos que, para de fato alterarmos a cultura da instituição, temos muito caminho a percorrer.

Nosso objetivo hoje é alinhar os processos de gestão de pessoas ao modelo de competências. As pessoas querem perceber que esse investimento em pessoas trará resultados para a carreira e para o trabalho em si. Além da avaliação de desempenho por competências, passamos a realizar em 2016, a partir do último concurso, a seleção por competências. Todos os novos servidores passam por entrevista, para que seja identificado o perfil e, quando possível, realizada a lotação do servidor aproveitando suas competências. Nos casos de relotação de servidor, também acontecem as entrevistas com a equipe de psicologia organizacional, para identificar o perfil do servidor e verificar a melhor lotação.

Um processo primordial para o modelo é a formação e a capacitação de servidores, o desenvolvimento das competências necessárias à instituição. Temos trabalhado em parceria com a Escola da Magistratura – EMERON, unidade responsável por este processo, para que nosso Plano de Formação e Aperfeiçoamento de Servidores esteja em consonância com as competências mapeadas, bem como com as lacunas identificadas nas avaliações técnicas e comportamentais.

O que nos incentiva a continuar na evolução do modelo é que percebermos que tanto servidores como gestores e magistrados, começam a entender a importância e a acreditar que as ferramentas podem apoiá-los, inclusive no processo de gerenciamento das equipes. Identificar os pontos que carecem de desenvolvimento e reconhecer os pontos fortes de cada servidor torna-se algo mais fácil, não ficando apenas na subjetividade da percepção do gestor.

Outro ponto importante é que hoje os servidores começam a perceber o RH não apenas como a unidade responsável pelo seu cadastro funcional e folha de pagamento, mas como uma unidade de apoio nas questões relacionadas à gestão da equipe. Pois a partir do momento que entregamos ferramentas para auxiliar os gestores no acompanhamento de sua equipe, também nos dispusemos a orientá-los e a intervir quando sentirem a necessidade.

Nome: Daniely Amadio de Oliveira
Função: Diretora da Divisão de Desenvolvimento de Pessoal
Setor: Divisão de Desenvolvimento de Pessoal
Data: Dez/2016

Comentário dos Autores: o Poder Judiciário desenvolveu-se drasticamente em todos os sentidos nos últimos anos. Os programas vão desde a implementação de sistemas judiciais eletrônicos até o desenvolvimento de práticas de gestão mais robustas e modernas, como a Gestão por Competências, fomentada por resoluções do CNJ e CSJT.

O mais interessante no *case* do Poder Judiciário do Estado de Rondônia é a pujança que o modelo de Gestão por Competências tem, mesmo após vários anos de sua implantação. Acreditamos que parte disso se deva ao fato da equipe de Gestão de Pessoas e Capacitação de Pessoal perdurar, possibilitando um processo contínuo de amadurecimento, já que no setor público é muito comum que bons projetos sejam encerrados nas mudanças de gestão. Outro fato que emprega uma condição de vantagem é o apoio contínuo da alta administração, mesmo em trocas de gestão, o que favorece o trabalho em equipe intersetorial e possibilita que várias mentes empreguem seus esforços com vistas ao melhor para a instituição.

Não nos admira o fato de que a perpetuidade das equipes proporciona, em longo prazo, o equilíbrio entre conhecimento e prática, por isso valorizamos esta prática e acreditamos fortemente que programas e projetos duradouros demandam tempo de maturação e, muito embora seus resultados positivos possam ser percebidos no curto prazo, é o longo prazo que entrega a recompensa da paciência e da perseverança.

Organização: Rioprevidência
Porte: Médio
Tipo: Instituição Pública

Ingressei no Rioprevidência em julho de 2010, após aprovação em um concurso público de provas e títulos, para o cargo de Especialista em Previdência Social, cargo bastante abrangente que envolve atribuições de diversas áreas da administração pública e, em especial, na área de previdência. No concurso do qual participei, não foram oferecidas vagas com ênfase em alguma formação específica, isto é, o candidato aprovado poderia ser alocado em qualquer área do Rioprevidência. Assim, oriunda do mercado privado e mais especificamente do varejo, onde trabalhei a maior parte do tempo com desenvolvimento de pessoas, eu não tinha nenhuma expectativa de voltar a trabalhar nessa área. A opção de procurar um emprego na área pública veio, assim como para uma expressiva parcela da população brasileira, mais do que pelo dever cívico, mas pela busca da tão sonhada estabilidade profissional.

Após a posse, iniciando o exercício como servidora pública, depois de um período inicial turbulento – em parte pelo choque cultural de ingressar na administração pública, que é regida por legislações específicas e em parte por fazer parte da primeira turma de Especialista em Previdência Social de uma Instituição recém-criada, que carregava um legado do extinto Instituto de Previdência do Estado do Rio de Janeiro – IPERJ – e contrariando as minhas expectativas, fui designada como responsável pela área de desenvolvimento de pessoas.

O Rioprevidência – Fundo Único de Previdência Social do Estado do Rio de Janeiro – é uma Autarquia estadual criada pela Lei Estadual nº 3.189, de 22 de fevereiro de 1999, para arrecadar, assegurar e administrar os recursos usados no pagamento de aposentados e pensionistas de servidores públicos estatutários do Estado do Rio de Janeiro. Com a Lei Estadual nº 5.109, de 15 de outubro de 2007, foi determinada a extinção do Instituto de Previdência do Estado do Rio de Janeiro – IPERJ, transferindo para o Fundo Único de Previdência Social do Estado do Rio de Janeiro a competência para a habilitação, administração e pagamento dos benefícios previdenciários previstos na legislação estadual, que dispõe sobre o regime previdenciário dos servidores públicos do Estado do Rio de Janeiro e seus dependentes.

Depois deste breve histórico, retornemos ao meu ingresso no Rioprevidência que, em 2010, já havia iniciado o processo de realizar atividades voltadas para a gestão de pessoas, como capacitação e avaliação de desempenho e a minha experiência profissional veio ao encontro dessa aspiração. Assim, um dos meus primeiros trabalhos na Autarquia foi acompanhar o processo de avaliação de desempenho.

O Rioprevidência iniciou o processo de avaliação de desempenho em 2009 utilizando uma escala gráfica muito simples para mensurar o desempenho dos seus servidores. A maior queixa da Direção era decorrente do protecionismo dos avaliadores que eram extremamente benevolentes ao avaliar os seus subordinados e, como consequência, as notas da avaliação de desempenho eram bastante elevadas e, muitas vezes, não correspondiam aos resultados apresentados no dia a dia. Em decorrência disso, em 2011 foi realizada uma grande mudança nessa ferramenta, quando foram criados perfis de avaliação em função das atividades desenvolvidas, tais como atendimento, comando, técnico e administrativo e pesos diferenciados para cada um desses perfis. O objetivo era tentar reduzir o efeito halo, fato pelo qual concluímos que, se uma pessoa faz bem alguma coisa, ela fará bem todas e vice-versa, possibilitando que a avaliação de um item possa interferir no julgamento sobre outros fatores, contaminando o resultado geral. Enfim, o intuito dessa nova ferramenta era tentar diminuir a tendência ao protecionismo e as simpatias e antipatias despertadas pelos avaliadores durante o processo de avaliação.

Essa ferramenta de avaliação de desempenho criada em 2011 vem sendo utilizado até hoje e tem efeito na gratificação de desempenho prevista na legislação estadual que rege as carreiras do quadro de pessoal do Rioprevidência, além de ser utilizada também para avaliação do estágio probatório. Vale ressaltar que as duas ferramentas de avaliação de desempenho mencionadas avaliam apenas o comportamento dos servidores, o que, de certa forma, propicia que o fator subjetivo esteja sempre presente.

Ainda em 2010, no Planejamento Estratégico para 2011, a Direção do Rioprevidência já mencionava a implantação do processo de gestão por competências como um alvo a ser alcançado. No entanto, esse intento nunca era atingido, ou por falta de pessoal para tocar um projeto desse porte ou por dificuldade de aplicar na prática esse conceito tão em voga. Acredito fielmente que era pelos dois motivos citados.

Deste modo, em 2013, com a perspectiva de ingresso de novos servidores para reforçar a equipe, iniciamos uma pesquisa da metodologia de Gestão por Competências com aplicação prática. A nossa grande dificuldade é que encontrávamos na literatura um grande referencial teórico, mas não conseguíamos ver a aplicabilidade dessa teoria na prática. Nessa pesquisa, identificamos um livro com o título *Aplicação Prática de Gestão de Pessoas por Competências* de um autor, até então para mim desconhecido, chamado Rogerio Leme, que apresentava ferramentas práticas, acessíveis e realmente possíveis de serem implementadas, principalmente em relação ao mapeamento de competências e avaliação de desempenho com foco em competências. A partir desse livro e movidos pela necessidade de avançar neste processo de Gestão por Competências, localizamos a consultoria do autor Rogerio Leme, em São Paulo. Eu e mais dois servidores fomos capacitados na metodologia proposta, através do curso *Gestão por Competências Utilizando Recursos da Própria Empresa*, ministrado pelo próprio Rogerio Leme. Animados com os conhecimentos adquiridos e cientes de que precisávamos de um domínio maior da metodologia, realizamos a inscrição em um segundo curso chamado *Formação de Analistas para Mapeamento, Seleção, Avaliação e Gestão de Competências e Desempenho em Empresas Públicas e Privadas,* mas infelizmente, por imperiosa necessidade de serviço, não pudemos participar dessa capacitação e indicamos dois novos servidores para ampliar o conhecimento dentro da Instituição.

Apesar dos esforços empreendidos, percebemos que não tínhamos *pernas* para implantar sozinhos um projeto de tamanha magnitude, com uma equipe pequena e muitas demandas internas. Deste modo, no início de 2014, foi contratada a empresa Leme Consultoria para uma grande capacitação da equipe de Desenvolvimento de Recursos Humanos e dos demais servidores do Rioprevidência na implantação do Modelo de Gestão por Competências e construção da Avaliação de Desempenho com Foco em Competências. Durante esse período foi realizado o inventário comportamental com a supervisão direta do Rogerio Leme, que ministrou diversas palestras de sensibilização, resultando em torno de 70% do efetivo do Rioprevidência sendo treinado. Além do mapeamento comportamental que definiu os indicadores comportamentais, foram realizados também, junto aos gestores, os mapeamentos técnicos e de responsabilidades, que culminaram nas Descrições de Função de todas as funções da Instituição, com as respectivas competências comportamentais, técnicas e responsabilidades identificadas. A partir daí, em janeiro de 2015 foi realizada a primeira avaliação de desempenho com foco em competências do Rioprevidência, encerrando este primeiro ciclo de avaliação com um grande treinamento para todos os servidores de como receber *feedback* e para os gestores de como dar e receber *feedback*, ministrados por Renan Sinachi, sócio da Leme Consultoria, que nos auxiliou bastante em todo o processo da construção desta nova ferramenta de avaliação.

Implantado o Projeto e encerrado o contrato de capacitação com a Leme Consultoria, inicialmente nos sentimos ligeiramente assustados, na verdade, apavorados, com o compromisso de dar continuidade a todo o processo de Gestão por Competências. Felizmente os instrutores foram ótimos, o que nos deu uma segurança para tocar o projeto, além do suporte do sistema GCA de apuração dos dados.

Assim, em fevereiro de 2015, nós do corpo técnico da área de desenvolvimento, assumimos o processo de Avaliação de Desempenho com foco em Competências. Foram realizadas, até setembro de 2016, quatro ciclos de avaliação, considerando o primeiro de implantação. Durante todo este período, denominamos esta nova avaliação como uma *ferramenta em construção*, a fim de que todos ficassem à vontade para manifestar quaisquer tipos de sugestões, críticas ou comentários sobre o processo. Essa experiência está sendo muito rica, porque nos dá a oportunidade de corrigir eventuais distorções no decorrer do tempo. Antes de cada avaliação, nós nos sentamos com o gestor de cada área e revisamos todas as atribuições e responsabilidades, as entregas de cada função e as competências técnicas necessárias para o desempenho de cada uma delas.

Essa revisão é importante, porque a nossa Instituição é muito dinâmica, ela funciona como um organismo vivo em que mudanças sempre acontecem, são criados novos processos e metodologias na busca constante de melhores resultados. Em função disso, muitas vezes são criadas novas atribuições, outras são extintas, ou as atribuições de uma área passam a ser desempenhadas por outra. Daí a importância de, além da revisão das competências, checar também os ocupantes de cada função antes de cada avaliação. Por considerarmos uma ferramenta nova e em construção, neste processo de revisão despertamos no gestor sua visão mais crítica sobre o processo de avaliação, se está sendo avaliado realmente o que deveria ser avaliado e vice-versa, quais as entregas, responsabilidades e conhecimentos técnicos que precisam ser avaliados no ocupante de determinada função.

No decorrer desse tempo foram realizadas também duas grandes revisões com o corpo diretivo do Rioprevidência, em que foram revistas as competências comportamentais e gerenciais. Houve muitas críticas sobre a quantidade de indicadores comportamentais que estavam sendo avaliados e, após uma análise detalhada de cada um deles, este comitê de validação formado pelo corpo diretivo excluiu alguns indicadores em função do grau de relevância para a Organização. Um aspecto interessante a destacar é que alguns indicadores comportamentais excluídos que, antes disso, chegaram a ser avaliados, obtiveram um coeficiente de desempenho de quase 100 por cento, validando assim a decisão diretiva de que esses indicadores não traduziam um prognóstico de comportamento.

Hoje, no Rioprevidência, temos todas as funções mapeadas, as descrições completas de todas as funções, com as atribuições, as competências técnicas necessárias, o comportamento esperado e as responsabilidades definidas. Assim, cada novo servidor que ingressa em determinado setor, oriundo de concurso ou de outra área, tem conhecimento das atribuições da nova função, qual o desempenho esperado, quais os conhecimentos técnicos que serão exigidos, em que ele será avaliado e quais as entregas esperadas.

Além disso, o grande diferencial desse processo de avaliação de desempenho com foco em competências em relação à ferramenta anterior, é que avaliamos não somente a parte comportamental, mas também os conhecimentos técnicos e as responsabilidades de cada servidor. Destacamos que com esta metodologia conseguimos mensurar as competências comportamentais, técnicas e de responsabilidades, calculamos e obtemos o coeficiente de desempenho de cada uma delas, além do coeficiente de desempenho do servidor e da Instituição como um todo. Esta é uma avaliação que extrapola a avaliação comportamental, porque nós avaliamos e mensuramos o conhecimento técnico exigido para cada função, além de avaliar e mensurar também as entregas realizadas. Assim, tornamos possível diminuir a parcialidade, porque temos outros critérios objetivos sendo avaliados além do comportamento. Se não conseguimos eliminar, pelo menos reduzimos o efeito halo no processo de avaliação de desempenho.

Em fevereiro de 2016, realizamos o terceiro ciclo da avaliação de desempenho com foco em competências. Nessa etapa, inserimos mais uma perspectiva no processo de avaliação, a mensuração de Resultados, prevista e indicada pela Leme Consultoria durante a Capacitação. A diferença entre esta perspectiva e as demais, é que as competências Comportamentais, Técnicas e de

Capítulo 7 Da Teoria para a Prática 99

Responsabilidades são avaliadas pelo gestor imediato, e a perspectiva Resultados é apurada por meio dos resultados obtidos das metas estabelecidas para o ano em que está sendo avaliado. Sendo assim, a perspectiva Resultados foi mensurada através de metas estabelecidas pelas Unidades Setoriais e a Direção do Rioprevidência para o ano de 2015, considerando como:

a. Meta Positiva: quando o objetivo a ser atingido consistia em uma escala ascendente e quanto maior o realizado no período, mais favorável à Organização;

b. Meta Negativa: quando o objetivo a ser atingido consistia em uma escala descendente e a redução de determinado índice favorecia a Organização.

Com o resultado da avaliação das competências comportamentais, técnicas e responsabilidades e a apuração dos resultados das metas, conseguimos obter o coeficiente de desempenho dos servidores utilizando os seguintes pesos:

PERSPECTIVAS	PESO
Avaliação Técnica	10%
Avaliação Comportamental	20%
Complexidade/ Responsabilidades	30%
Metas/Resultados	40%

Paralelamente a este processo de avaliação de desempenho com foco em competências, realizamos também a nossa avaliação de desempenho mencionada, para fins de pagamento da gratificação de desempenho de atividade – GDA – e acompanhamento dos servidores em estágio probatório, previstos na legislação estadual. De posse dos resultados das duas avaliações, realizamos um comparativo do desempenho obtido utilizando duas ferramentas tão distintas e obtivemos os resultados:

Diretoria	Avaliação de Desempenho (proposta Rioprevidência) – 2015	Avaliação de Desempenho com foco em Competências (proposta Leme Consultoria) – 2015
DAF	86,23	85,98
DIN	88,82	82,89
DJU	85,43	92,92
DSE	84,95	88,95
PRE	87,18	87,53
Média Geral	**86,30**	**87,06**

Observamos que não houve uma mudança significativa nos resultados das avaliações com ferramentas tão diferentes. Isso nos fez pensar que o fato de estarmos trabalhando há algum tempo com avaliação resultou em um amadurecimento dos gestores ao avaliarem a sua equipe e demonstrou, também, uma relação do adequado comportamento com a obtenção de resultados.

Ainda com o olhar e a orientação de uma ferramenta em construção, em setembro de 2016 realizamos o quarto ciclo da avaliação de desempenho com foco em competências. Nesse ciclo, tínhamos como objetivo testar se essa ferramenta poderia ser utilizada como a ferramenta oficial de avaliação. Fizemos um grande simulado observando todas as demandas legais e, após o resultado, diagnosticamos que como o sistema de apuração de dados não é customizado, não conseguíamos atualizar a base de dados do sistema de apuração com a mesma agilidade das mudanças que ocorrem na organização, e desse modo, não conseguiríamos atender a todas as previsões legais. Logo, temos desafios a superar.

Neste quarto ciclo, como o exercício ainda não foi encerrado, não foram apurados os resultados das metas para o ano de 2016, por isso o coeficiente de desempenho foi calculado a partir do resultado da avaliação das competências comportamentais, técnicas e de responsabilidades com os pesos:

Capítulo 7 Da Teoria para a Prática

PERSPECTIVAS	PESO
Avaliação Técnica	20
Avaliação Comportamental	30
Avaliação de Responsabilidades	50

Como não houve outro processo da avaliação de desempenho nesse ínterim, previsto para janeiro de 2017, apresentamos o resultado deste quarto ciclo junto ao anterior.

Considerando que trabalhamos com pesos diferenciados e perspectivas diferentes na avaliação de desempenho com foco em competências, a comparação entre as ferramentas ficou prejudicada neste ciclo. Optamos em realizar uma análise mais qualitativa dos dados obtidos, que serão mencionados adiante.

Diretoria	Avaliação de Desempenho – 2015	Avaliação de Desempenho com foco em Competências – 2015	Avaliação de Desempenho com foco em Competências – 2016
DAF	86,23	85,98	88,79
DIN	88,82	82,89	87,46
DJU	85,43	92,92	92,08
DSE	84,95	88,95	90,19
PRE	87,18	87,53	91,78
Média Geral	**86,30**	**87,06**	**90,27**

A experiência da avaliação de desempenho com foco em competências no Rioprevidência está sendo bastante positiva. Temos alguns pontos a melhorar, algumas dificuldades a superar, mas o ganho na qualidade e o material que se tem para trabalhar ao término da avaliação é muito rico. Em nossa outra avaliação, ao final do processo obtemos um número que serve, sim, para decisões para o estágio probatório e pagamento da gratificação de desempenho por atividade, mas para por aí, não há muito mais a fazer com os resultados obtidos.

Na avaliação de desempenho com foco em competências, obtemos um material rico a ser trabalhado para capacitação, mobilidade interna, desenvolvimento de carreira, enfim, há muitas possibilidades. Há um grande ganho em relação à avaliação anterior, porque a avaliação é focada na função exercida, o que o servidor entrega e são avaliados os conhecimentos necessários para realizar determinada função. São avaliadas competências diferentes relacionadas às atribuições realizadas, não há uma mesma avaliação para todo mundo.

O diferencial nesta metodologia é conseguir mapear, mensurar e avaliar as competências comportamentais, técnicas e de responsabilidades; é obter todas as descrições de funções com as competências específicas e as principais entregas visualizadas, e isso é muito bom para quem já está no Rioprevidência, mas também para a Direção que consegue ter uma visão das atividades realizadas por todos, assim como para o novo servidor que, quando entra, já sabe de antemão quais são as atribuições, o que é esperado dele, quais as principais responsabilidades, os conhecimentos que serão exigidos para o desempenho daquela atividade e quais as entregas que serão avaliadas. Ao atualizarmos as descrições de função com o gestor, percebemos que na medida em que ele inicia o processo de revisão das atribuições das funções que ficam sob sua responsabilidade, tem a oportunidade de revisar seus processos e a própria avaliação realizada, resultando em um crescente desenvolvimento pessoal.

Outro aspecto bastante positivo é quanto ao planejamento da capacitação dos servidores. Esta avaliação de desempenho com foco em competências nos permite identificar os *gaps* não só das competências comportamentais como das técnicas, e a partir daí é possível realizar um planejamento de capacitação alinhado com as necessidades organizacionais, gerando uma maior eficiência. Como realizamos quatro ciclos dessa avaliação, já está sendo possível acompanhar o resultado dos treinamentos realizados. Percebemos que alguns *gaps* institucionais diminuíram na relação direta com a capacitação realizada, e outras necessidades de treinamento que demandavam um maior investimento – que não foi possível realizar nos últimos 12 meses –, os *gaps* se mantiveram inalterados ou aumentaram.

Na prática, essa metodologia está sendo bem-sucedida no Rioprevidência. Ela é muito trabalhosa, mas o resultado tem sido gratificante. É uma ferramenta rica, que apresenta uma série de questões que podem ser trabalhadas, como trilha de desenvolvimento, mobilidade interna, identificação de multiplicadores internos e diagnóstico organizacional. As possibilidades existem, mas é um trabalho em longo prazo. Observamos também que os resultados das duas últimas avaliações, terceiro e quarto ciclos, apresentaram similaridades com o resultado da última pesquisa de clima organizacional realizada em setembro de 2016. Isso demonstra que questões apresentadas que não foram trabalhadas continuam latentes.

Assim, pretendemos continuar utilizando esta metodologia que será de grande valia para o processo de desenvolvimento de servidores.

Nome: Dalva Carneiro
Função: Especialista em previdência Social
Setor: Desenvolvimento de Recursos Humanos
Data: Dez/2016

Comentário dos autores: instituições públicas em geral vivem um paradoxo entre a necessidade de desenvolverem seus modelos de gestão e práticas de funcionamento para melhor atenderem aos anseios da sociedade e a necessidade de se manterem em linha com seus regimentos, decretos, legislações e demais dispositivos que, muitas vezes, têm seu processo de atualização mais moroso do que a evolução das expectativas e necessidades da sociedade.

Após dez anos de atuação no Setor Público, somos categóricos em registrar que muitas instituições públicas brasileiras possuem em seu quadro profissionais altamente capacitados e com visão sistêmica e moderna, porém que interagem com limitações legais que impedem o avanço de curto prazo de questões que poderiam ser rapidamente resolvidas. Podemos observar que problemas simples de serem resolvidos, como a integração de dados entre sistemas, podem se tornar verdadeiros desafios no setor público, além do cumprimento de regras que são defasadas e, em muitos casos, incompatíveis com a velocidade e o senso de mérito do mundo em que vivemos hoje. Desafios como esses nos fazem admirar ainda mais estes profissionais, que dedicam suas vidas profissionais ao presente e ao futuro de nosso país.

Anexo I

Matéria Revista Você RH: O fim das Avaliações

http://vocerh.uol.com.br/noticias/acervo/
o-fim-das-avaliacoes.phtml#.V_vweoWcGV1
De Anne Dias – acesso em 10/10/2015

Empresas perceberam que rotular o funcionário pelo desempenho do passado não traz benefícios. A alternativa? Valorizar os talentos pensando no futuro.

A avaliação de desempenho, tal qual a conhecemos, está chegando ao fim. Grandes companhias começaram a abolir a rotulagem dos funcionários pelo que eles fizeram no passado e passam a desenvolver um plano individual que valorize suas habilidades – de olho no futuro.

Esse é um reflexo da percepção dos próprios líderes de RH, que em sua maioria notam que os atuais modelos de medição são ineficientes. As avaliações não refletem de forma correta as contribuições dos indivíduos, muito menos apoiam o crescimento necessário dos negócios.

De acordo com uma pesquisa de 2013 da CEB, consultoria de *benchmarking* global de capital humano, realizado com 35

000 empregados de mais de 40 organizações no mundo, 45% dos líderes de RH reconhecem que grandes mudanças no processo de avaliação são necessárias, enquanto 41% fizeram alguma alteração recentemente.

A fabricante de papéis e celulose Klabin foi uma das primeiras empresas a adotar um novo modelo no Brasil, há um ano. "Deixamos de lado a avaliação que vinha com notas e classificações e agora as discussões ficam em torno das oportunidades de cada um para se desenvolver e assim, entregar resultado. Saímos *do feedback* e fomos para o *feedforward*, que tem foco no que a pessoa fez de positivo, sempre olhando para o futuro", diz Sergio Piza, responsável por gente e gestão da Klabin.

A ideia é puxar do empregado o que ele tem de melhor, para que isso se reverta em resultado para a organização. A palavra de ordem passa a ser o desenvolvimento – não mais o desempenho.

E por que fazer essa mudança agora? Piza explica que assim se cria um ambiente de confiança, um espaço no qual as pessoas podem ser autênticas e dizer o que pensam. "Dar um bom *feedback* é difícil. O que temos agora é um diálogo com mais qualidade e que faça sentido para todos", afirma.

Velhos problemas

Afinal, o que há de errado com as avaliações feitas até agora? "O processo todo sempre foi muito longo, burocrático e estático", diz Adriana Chaves, sócia responsável pela divisão de desenvolvimento e carreira da DMRH, consultoria de gestão de pessoas e processos seletivos.

Para Luiz Gustavo Mariano, sócio da *Flow Executive Finders*, empresa de seleção de executivos, a principal dificuldade é que o gestor não atua na correção da rota na hora em que alguma coisa ruim acontece. "O chefe espera chegar o período da avaliação, que pode ser daqui a seis meses ou um ano, para dar o *feedback*", diz.

E, com um mundo em constante mudança, cada vez mais é preciso agir rapidamente. Outra dificuldade, completa Mariano, é que, quando o executivo de RH mensura o tempo de preparo dos funcionários e da aplicação do questionário em si, e o valor financeiro de ter líderes envolvidos em diversas reuniões de discussão de pessoas, especialmente em grupos com mais de 1 000 trabalhadores, ele percebe o quão custoso esse processo é. "A companhia toda para por um mês", diz Mariano.

Devagar, as corporações começam a perceber as falhas e a mudar as formas de aferir o desempenho. Segundo um levantamento da Fundação Instituto de Administração (FIA) junto com a pesquisa 150 Melhores Empresas para Você Trabalhar (realizada há 20 anos pela revista VOCÊ S/A), em 2014, todas as organizações mediam os empregados com base no que fizeram no passado, com *feedbacks* semestrais ou anuais. Em 2015, a porcentagem caiu para 98%. Entre as organizações que estão revendo a avaliação, a busca é por conversas mais frequentes, com menos peso para a hierarquia e processos internos mais simples.

Hora de mudar

Para agilizar a avaliação, a multinacional americana GE, reconhecida defensora da matriz *9 Box*, nos anos 1960, trocou a mania de rotular os funcionários em quadrantes por um processo de cocriação, envolvendo seus 165 000 trabalhadores nos países onde está presente. "Nós visamos o futuro. Buscamos desenvolvimento profissional e queremos abrir diálogo sobre a carreira de nossos colaboradores", diz Ana Manhaes, líder de desenvolvimento de talentos da GE para América Latina.

Agora o *feedback* é dado à medida que as atividades e os fatos acontecem – sem a necessidade de uma reunião formal. Para isso, a companhia desenvolveu uma ferramenta na qual as pessoas publicam, a qualquer momento, suas conquistas e contribuições. Elas também têm a oportunidade de dar, solicitar e receber a opinião de seus colegas, superiores e subordinados.

Camille Mirshokrai, diretora de desenvolvimento de liderança para mercados emergentes da *Accenture*, em sua visita ao Brasil, afirmou que a chave para um bom processo de medição dos funcionários não é apenas dar *feedback* na hora certa, mas *ser coach* – principalmente pensando em alavancar o desempenho. "Essa, sim, é a grande mudança", diz.

Há um ano, a consultoria decidiu parar com as avaliações anuais de seu pessoal. Desde então, os líderes trabalham para descobrir suas próprias fortalezas e estabelecer as prioridades para fazer a diferença nos projetos que serão desenvolvidos durante o ano.

É inegável que as pessoas ficam motivadas e, consequentemente, trabalham mais e melhor quando são avaliadas justa e corretamente. Mas é preciso cuidado para, em busca de melhorias, não dar às avaliações apenas uma roupagem diferente para velhos problemas.

O alerta é feito por Sofia Esteves, presidente do conselho do Grupo DMRH. Nos últimos três anos, ela tem coordenado um grupo com 25 representantes de grandes empresas, como Ultra, GE, Samsung, Unilever e Novelis, cujo objetivo é debater ideias relacionadas aos trabalhos que vão surgindo no mercado. A avaliação de desempenho, como é feita hoje, foi tema da mais recente reunião do grupo. "Foram levantados prós e contras, e o que vimos foi que os profissionais de RH estão num grande questionamento sobre o tema", afirma a empresária.

Para Joel Dutra, professor da Faculdade de Economia e Administração da Universidade de São Paulo (FEA/USP), que acompanha as questões que envolvem gestão de pessoas há 20 anos, as corporações que realmente quiserem mudar a forma como medem seus empregados terão de lutar contra uma cultura interna extremamente arraigada. "Há uma grande evolução nos processos de avaliação nos últimos anos. A discussão não é se a companhia faz ou não, mas em que nível de maturidade (para avaliar pessoas) ela está para dar um novo passo."

Mais do que abandonar cronogramas ou simplificar processos, os executivos de RH precisam repensar a forma como enxergam os funcionários. Avaliar recursos ou peças é uma coisa, pensar em seres humanos complexos é outra.

Anexo II

Matéria Revista Exame: Avaliação Tradicional de Funcionários Começa a Perder Espaço

http://exame.abril.com.br/revista-exame/edicoes/1096/noticias/
avaliacao-tradicional-de-funcionarios-comeca-a-perder-espaco
De 03/09/2015 – acesso em 10/10/2015

São Paulo – Um grupo de quase 700 funcionários da subsidiária brasileira da General Electric deixou para trás neste ano uma rotina repetida ao longo de quase cinco décadas pela empresa no mundo – a avaliação anual de desempenho. O processo começava com o preenchimento de um questionário a respeito da atuação de cada empregado ao longo do ano e acabava com uma reunião de *feedback* com o chefe direto.

Em vez disso, eles passaram a usar agora um *software* no qual publicam, sem um cronograma rígido, suas conquistas e anseios relacionados à carreira. Ali também opinam a qualquer momento sobre o desempenho de colegas e chefes. No lugar do *feedback* anual, os times foram estimulados a manter mais diálogo sobre carreira ao longo do ano.

Ao todo, 80 000 empregados da companhia no mundo fazem parte desse projeto piloto, que busca alternativas ao modelo tradicional de avaliação de pessoal. Até o fim de 2016, todos os 300000 funcionários deverão participar de um novo formato de avaliação.

"Estamos estudando um modelo de cocriação da carreira, com um processo mais fluido e dinâmico", diz Ana Lucia Caltabiano, vice-presidente de recursos humanos da GE para a América Latina.

A mudança não é nada trivial. O modelo de avaliação de pessoal – com reuniões anuais de *feedback* e classificação do desempenho dos funcionários – foi popularizado nos anos 60, celebrizado por companhias globais, como a própria GE, e hoje é quase onipresente em todo o mundo.

Até pouco tempo, pouca gente questionava o sistema, usado para estabelecer todos os outros processos de RH – promoções, demissões, concessão de bônus e de treinamentos. Nos últimos anos, porém, os princípios desse modelo deixaram de ser unanimidade. Cerca de 10% das 244 grandes empresas globais abandonaram o *ranking* anual de funcionários, de acordo com o Instituto de Produtividade Corporativa, nos Estados Unidos.

O que mudou? Segundo especialistas, em muitas empresas a percepção de que os processos tradicionais não funcionam bem avançou gradualmente na última década. Mas até agora ninguém sabia ao certo o que fazer no lugar.

"A essência da avaliação de desempenho é propagar a cultura da empresa, falar aos funcionários de maneira clara o que se espera deles e ajudar a desenvolvê-los", diz Caroline Marcon, diretora da Hay Group, consultoria especializada em gestão de recursos humanos. "Algumas empresas começam a perceber que investem tempo demais em processos pouco eficientes e tomam a coragem de propor algo diferente."

Um dos mais novos críticos declarados é o presidente mundial da consultoria americana Accenture, Pierre Nanterme, que anunciou em julho o abandono das avaliações anuais e também da curva forçada, na qual classificava todos os 336000 funcionários no mundo em três grupos: os 30% melhores, os 65% considerados intermediários (que eram, por sua vez, divididos em dois subgrupos) e os 5% piores.

Anexo II Matéria Revista Exame: Avaliação Tradicional... **111**

A novidade vem sendo tratada como uma mudança estrutural, e não apenas um modismo. No caso da GE, a transformação foi apresentada por Raghu Krishnamoorthy, *chief learning officer* (algo como *executivo responsável por treinamento*) da empresa, como parte de uma mudança cultural da companhia, em busca de velocidade e simplicidade.

"Eventos anuais são coisa do passado", afirmou num artigo recente. Nesse sentido, o planejamento estratégico passou a ser revisto a cada trimestre. A avaliação de pessoal ganhou, segundo ele, "uma abordagem em tempo real".

As mudanças vão ao encontro do que as pesquisas de clima apontavam há algum tempo – o processo todo passou a ser considerado burocrático, demorado e por vezes injusto por uma parcela crescente de funcionários. A percepção é predominante entre os *millennials*, nascidos depois de 1980.

Sedentos por *feedbacks* mais recorrentes, eles já representam mais da metade da força de trabalho da GE no mundo. Na *Accenture*, 66% dos 336 000 funcionários em 56 países têm menos de 35 anos. Neste ano, a consultoria iniciou testes de um novo modelo com 15 000 funcionários em seus escritórios na Europa, na Ásia e nos Estados Unidos. O novo formato extingue 90% do modelo anterior – como longos formulários. No lugar, entram mais conversas sobre carreira e desempenho.

Ameaças físicas

Os argumentos a favor da mudança vão além da simples percepção de que o modelo antigo tem problemas. Um estudo realizado por pesquisadores do *Neuro Leadership Institute*, nos Estados Unidos, aponta que o exercício de atribuir uma nota às pessoas ativa a mesma parte do cérebro responsável por ameaças físicas.

"Ficou evidente que o sistema tradicional estimula a concorrência entre pares em vez de incentivar o trabalho em equipe, o que pode criar um ambiente de trabalho pouco produtivo", diz a psicóloga e consultora Eva Hirsch Pontes.

Em outro estudo publicado por uma associação canadense de recursos humanos, pesquisadores avaliaram o desempenho de 198 grupos de diferentes profissionais e chegaram à conclusão de que, em 93% dos casos, o desempenho das pessoas não se encaixa na distribuição normal – modelo estatístico inventado pelo matemático Carl Friedrich Gauss no século 18.

Amplamente utilizado na área de gestão de pessoas, o modelo prevê que a grande maioria dos funcionários tenha um desempenho mediano em suas atividades; cerca de 10% apresentem *performance* superior; e os outros 10%, inferior. Na prática, o que se tem visto nesse caso é um esforço burocrático e pouco efetivo. "Os líderes passavam horas em reuniões para calibrar as notas de cada funcionário e garantir que haviam preenchido todas as cotas", diz o argentino Gaston Podesta, diretor global de RH da *Accenture*. A própria GE, que ajudou a popularizar a curva forçada nos anos 80 e 90, sob o comando do lendário Jack Welch, abandonou o modelo há uma década.

Boa parte das mudanças vai no sentido de tornar as conversas mais frequentes e deixar a hierarquia menos rígida. Em janeiro, os 8 700 funcionários dos 30 escritórios da rede social LinkedIn no mundo passaram a escolher cinco pares ou gerentes, além de seu chefe direto, para opinar duas vezes ao ano sobre seu desempenho.

O funcionário também avalia seu chefe. Parte da equipe da sede, no Vale do Silício, começou a usar um *software* para registrar semanalmente conquistas e desafios. O chefe cria cinco perguntas por semana, que a equipe responde em 15 minutos. Essas respostas, por sua vez, são lidas e respondidas novamente pelo chefe em 5 minutos.

A ideia é colocar no papel questões que realmente importam no dia a dia. A consultoria americana Deloitte calculou que seus executivos ao redor do mundo gastavam 2 milhões de horas por ano com processos de avaliação, muitas desperdiçadas com burocracia.

Como parte da solução, trocou longos questionários anuais por quatro perguntas ao final de cada projeto ou a cada trimestre: se fosse meu dinheiro, eu daria um aumento a essa pessoa? Eu quero essa pessoa em meu time? Essa pessoa está pronta para uma promoção hoje? E ela tem risco de baixo desempenho?

Anexo II Matéria Revista Exame: Avaliação Tradicional... **113**

Algumas experiências parecem flertar com o caos. Na *Accenture* e na *Microsoft,* os chefes ganharam o poder de arbitrar a distribuição dos bônus – só não podem recompensar apenas uma pessoa. Na *Accenture*, eles podem dividir o prêmio em partes iguais. Na *Microsoft* é preciso haver pelo menos alguma diferença.

Loucura? Segundo os executivos dessas empresas, não. Para eles, o modelo anterior, na tentativa de ser mais objetivo, criava mais arbitrariedades. "Antes distribuíamos o bônus segundo a curva forçada e muitas vezes os chefes não achavam justo privilegiar alguns quando todos se saíram bem", diz Daniela Sicoli, gerente de RH da *Microsoft* do Brasil.

As mudanças começaram em janeiro de 2014, com a chegada do indiano Satya Nadella à presidência mundial da companhia. Ninguém sabe se tudo isso vai funcionar – e ajustes deverão ser feitos na busca por um formato ideal. Mas há sinais de que esses pioneiros estejam no caminho certo.

Na GE, alguns já reportaram que agora têm uma conversa de verdade sobre a carreira, e não uma correria para entregar toda aquela papelada no prazo. Na *Microsoft,* o nível de satisfação dos funcionários melhorou 30% com o novo modelo. Em meio a incertezas, parece haver a convicção de que algumas práticas ficaram mesmo no passado.

ANEXO III

Metodologia do Inventário Comportamental para Mapeamento de Competências (Exclusivo da versão impressa)

Este é um resumo da Metodologia do Inventário Comportamental para Mapeamento de Competências. Ela permite a identificação das competências comportamentais necessárias para que a empresa possa agir alinhada à Missão, Visão e Valores por meio da condução de uma atividade onde os próprios colaboradores identificam as competências da organização, de forma simples, rápida e participativa.

Faço o convite àqueles que se identificarem com o resumo desta Metodologia para lerem meu primeiro livro, chamado *Aplicação Prática de Gestão de Pessoas*, publicado por esta mesma editora.

As competências identificadas servem como base e sustentação para todo o processo de Gestão por Competências de forma sólida, pois trabalham com a redução da subjetividade e têm comprovação matemática.

Características do Inventário Comportamental

- *É baseado no conceito de Indicadores de Competências*, o que não requer que os colaboradores tenham conhecimentos teóricos sobre competências;
- *Utiliza os Recursos da Própria Empresa*, pois a implantação pode ser realizada pelo próprio RH das empresas e o levantamento dos indicadores é realizado diretamente com os colaboradores, o que valoriza o papel de cada um na organização e caracteriza o processo por um método Construtivo e Participativo;
- *Comprovado Matematicamente*: O *Inventário Comportamental* possui respaldo matemático para cálculo do NCF– Nível de Competências da Função, do NCC – Nível de Competências do Colaborador e do NCE – Nível de Competências do Entrevistado (candidato) – eliminando a subjetividade do processo tradicional de mapeamento de Competências. De acordo com pesquisas na literatura, o *Inventário Comportamental* é a única metodologia comprovada matematicamente;
- Redução do tempo de Mapeamento e Avaliação das Competências Comportamentais, o que significa redução de custos no processo de mapeamento, permitindo que sejam transferidos os recursos de investimentos do mapeamento e avaliação para o treinamento e desenvolvimento dos colaboradores;
- Aumento da assertividade, pois trabalha com indicadores construídos pela própria organização;
- Avaliações com Foco em Competências Comportamentais construídas de forma precisa e objetiva, aumentando a eficiência do processo;
- Implantação rápida, simples e em linguagem acessível para a organização;
- Identificação das questões a serem aplicadas à Avaliação com Foco em Competências, da Autoavaliação até a avaliação 360°;
- Base consistente para desenvolver os colaboradores de forma objetiva e precisa;

Anexo III Metodologia do Inventário Comportamental

- Base para elaborar as questões a serem aplicadas na Entrevista Comportamental para Seleção por Competências;
- Aplicável em empresas de qualquer porte, segmento ou número de colaboradores.

A metodologia

A metodologia tradicional de mapeamento de competências gera, logo de início, uma grande dificuldade para os colaboradores, pois ela exige que eles falem em competências como: flexibilidade, criatividade, foco em resultado, visão sistêmica etc.

Essa não é a linguagem do dia a dia da organização e oferece uma grande dificuldade para a compreensão e implantação da Gestão por Competências.

A proposta do Inventário Comportamental é trabalhar com os Indicadores de Competências Comportamentais, que são os comportamentos que podem ser observados nas pessoas.

As pessoas apresentam a todo momento indicadores de competências comportamentais por meio de seus comportamentos diários. É fato, também, que nem sempre esses comportamentos são adequados, sendo que alguns precisam ser melhorados, outros desenvolvidos e outros até *implantados*, por ainda não terem esses comportamentos.

O papel do Inventário Comportamental é identificar quais são esses comportamentos, os bons, os ruins e os quais precisam ser *implantados/desenvolvidos* nos colaboradores.

O desafio é falar em competências sem usar a linguagem das competências e principalmente, extrair dos colaboradores esses indicadores. Eles têm a resposta precisa para a solução desse impasse, pois melhor do que ninguém, vivem a realidade da empresa diariamente.

E o que pode ser mais real e consistente que um Comportamento que pode ser observado para definir um Indicador de Competência Comportamental?

Assim, o Inventário Comportamental traz a definição que <u>*O Comportamento observável é o Indicador de Competência Comportamental*</u>.

Definição do Inventário Comportamental

O Inventário Comportamental para Mapeamento de Competências é uma Lista de <u>Indicadores de Competências</u> que traduz a conduta do Comportamento Ideal desejado e necessário para que a Organização possa agir alinhada à Missão, Visão, Valores e a Estratégia da Organização.

A construção do Inventário Comportamental

Vamos partir do princípio que todo o processo de sensibilização da organização para a implantação de Gestão por Competências tenha sido executado.

O primeiro objetivo é encontrarmos as competências organizacionais. Existem muitas formas para fazer referência às competências de uma empresa, como competências essenciais, diferenciais, *core competence*, competências do negócio etc. O objetivo nesse momento é encontrar todas as competências que são necessárias para a organização, independente de serem essenciais ou qualquer qualificação que possa ser dada.

Geralmente uma empresa deve ter de 8 a 15 competências (incluindo todas). Mais do que isso é inviável ser trabalhado. Algumas metodologias, profissionais ou empresas dizem que conduzem processos com mais de 30 competências. Isso não é prático e é subjetivo, pois chega um momento em que fica difícil de dizer qual a diferença do trabalho em equipe e cooperação, por exemplo.

Como mencionado, não iremos trabalhar com os títulos da competência, pois essa não é nossa linguagem do dia a dia. Costumamos usar o seguinte exemplo para ilustrar essa afirmação: Quando passa uma pessoa por nós, não dizemos ou pensamos: "Nossa, que pessoa com Foco em Resultados!", mas somos capazes de observar os comportamentos que essa pessoa tem que nos levam a conclusão que ela tem a competência Foco em Resultados.

Portanto, para alcançar o primeiro objetivo, a identificação das competências organizacionais, vamos escolher uma amos-

Anexo III Metodologia do Inventário Comportamental

tra de colaboradores de todas as funções, desde a mais simples até o diretor ou presidente da empresa, dependendo da estrutura organizacional.

Por exemplo, se uma função possuir 30 colaboradores, escolha de seis a oito colaboradores dessa função. Caso haja uma função exercida por dois ou três colaboradores, podem ser escolhidos todos eles.

Não existe um percentual exato para se escolher, apenas saiba que quanto maior o número de colaboradores na mesma função, percentualmente esse número é menor. O importante é ter *colaboradores-representantes* de cada uma das funções da organização.

Esses colaboradores serão colocados em uma sala (pode haver diversas turmas, de acordo com a capacidade da sala). Deve ser feita uma categórica exposição e sensibilização da Missão, Visão, Valores da empresa, da responsabilidade e parcela de contribuição de cada colaborador, o papel que o gestor exerce na condução das pessoas para os objetivos organizacionais e explicação do que é Gestão por Competências e como ela contribui para esses objetivos.

Após essa sensibilização, é dada a notícia que os colaboradores presentes ajudarão na construção da Gestão por Competências, por meio de uma atividade de observação, chamada *Gosto/Não Gosto/O Ideal Seria*.

Após toda a explicação do processo, será entregue uma folha com três colunas. As colunas terão os títulos *Gosto*, *Não Gosto* e *O Ideal Seria*, respectivamente.

Gosto	Não Gosto	O Ideal Seria

Figura 24: Folha de coleta do Inventário Comportamental

Os colaboradores serão orientados a pensarem em cada pessoa com as quais eles se relacionam na organização: subordinados, superiores ou pares, clientes ou fornecedores internos. Ao pensar na primeira pessoa, o colaborador deve anotar na coluna *Gosto* os comportamentos dessa pessoa que são admirados por ele e que contribuem para a organização.

Dessa mesma pessoa, porém na coluna *Não Gosto*, devem ser registrados os comportamentos que o colaborador julgue que não sejam adequados e, na última coluna, *O Ideal Seria*, ou seja, quais os comportamentos que precisam ser *desenvolvidos* nesse colaborador para que a organização atinja o MVVE – Missão, Visão, Valores e Estratégia da Empresa.

As colunas *Gosto* e *Não Gosto* traduzem os comportamentos que serão transformados em competências do hoje, enquanto a coluna *O Ideal Seria* traduz os comportamentos necessários para que a empresa possa atingir o amanhã, dado pela Visão.

Orientações para a aplicação do *Gosto/Não Gosto/O Ideal Seria*

- Sensibilizar e destacar MVVE – Missão, Visão, Valores e Estratégia da Empresa.
- Não há limites de comportamentos a serem registrados.
- Cada colaborador recebe uma única folha de Coleta.
- A reflexão deve ser feita sobre todas as pessoas com as quais o colaborador se relaciona, registrando todas as frases na mesma folha.
- Não identificar quem está respondendo e de quem é o comportamento.
- Não é necessário escrever novamente um comportamento caso já esteja relacionado.

A contribuição dos colaboradores termina aqui. Temos em mãos diversas folhas com todos os indicadores de comportamento que a organização precisa segundo a visão da própria organização, desde a função mais simples até a visão de futuro,

Anexo III Metodologia do Inventário Comportamental **121**

representada nos indicadores gerados pelos gerentes, diretores, presidente.

Diferente da metodologia tradicional que parte da análise do colaborador *Top Performance* (melhor desempenho), o Inventário Comportamental consegue atingir **todos** os colaboradores, pelo registro das observações dos colaboradores participantes da coleta, pois mesmo que um colaborador não esteja ali, certamente ele será observado. Além disso, a estrita observação do colaborador de *Top Performance* pode não traduzir o perfil ideal para o amanhã, dada pela Visão da empresa.

Assim, pela atividade da coleta temos os indicadores bons (coluna *Gosto*), os ruins (coluna *Não Gosto*) e os que precisam ser *implantados/desenvolvidos* (coluna *O Ideal Seria*). Por exemplo:

Gosto	Não Gosto	O Ideal Seria
▪ Soluciona de forma rápida os problemas do cliente. ▪ Traz soluções criativas para os problemas que parecem difíceis de resolver	▪ Não é cortês com os colegas de trabalho. ▪ Não sabe ouvir os *feedbacks*. ...	▪ Fosse objetivo ao expor suas ideias. ▪ Confraternizasse os resultados obtidos. ...

Figura 25: Exemplo coleta do Inventário Comportamental

O próximo passo é consolidar esses indicadores, transformando-os:

- No infinitivo;
- No sentido ideal para a organização;
- De forma afirmativa;
- Eliminando os duplicados ou de mesmo sentido.

De acordo com o exemplo acima, temos os seguintes indicadores consolidados:

- Solucionar de forma rápida os problemas do cliente.
- Trazer soluções criativas para os problemas que parecem difíceis de resolver.
- Ser cortês com os colegas de trabalho.
- Saber ouvir os *feedbacks*.
- Ser objetivo ao expor suas ideias.
- Confraternizar os resultados obtidos.

Esses são os indicadores que a organização precisa e que deve buscar em seus colaboradores. Agora, utilizando uma lista de competências, como as disponíveis na literatura, basta associar cada indicador a uma competência. No exemplo teríamos:

Indicador de Comportamento Apurado	Competência Associada
Solucionar de forma rápida os problemas do cliente	Foco no Cliente
Trazer soluções criativas para os problemas que parecem difíceis de resolver	Criatividade
Ser cortês com os colegas de trabalho	Relacionamento Interpessoal
Saber ouvir os *feedbacks*	Relacionamento Interpessoal
Ser objetivo ao expor suas ideias	Comunicação
Confraternizar os resultados obtidos	Liderança

...e assim para cada indicador apurado.

O resultado dessa apuração será uma lista de Competências e cada uma com uma quantidade diferente de indicadores, por exemplo:

Anexo III Metodologia do Inventário Comportamental

Competência	Total de Indicadores Apurados
Liderança	8
Foco em Resultados	10
Criatividade	7
Foco no Cliente	4
Pró Atividade	9
Empreendedorismo	4
Organização	5
Comunicação	8

Competências Organizacionais

As competências encontradas a partir da consolidação do *Gosto/Não Gosto/O Ideal Seria* são as **Competências Organizacionais,** que foram visualizadas naturalmente, diferente da metodologia tradicional, que tem uma linha de dedução e subjetiva.

Após essa consolidação, um comitê estratégico deve fazer a validação dos indicadores e, por consequência, das competências.

A metodologia do Inventário Comportamental não exige que cada competência tenha aquela frase tradicional com um significado ou conceito do que é a competência para a empresa, pois temos algo muito mais preciso do que a frase, que são os indicadores de comportamento.

Se você desejar utilizar a frase, basta fazer sua composição, tendo como base os indicadores que traduzem o que significa a competência para a empresa.

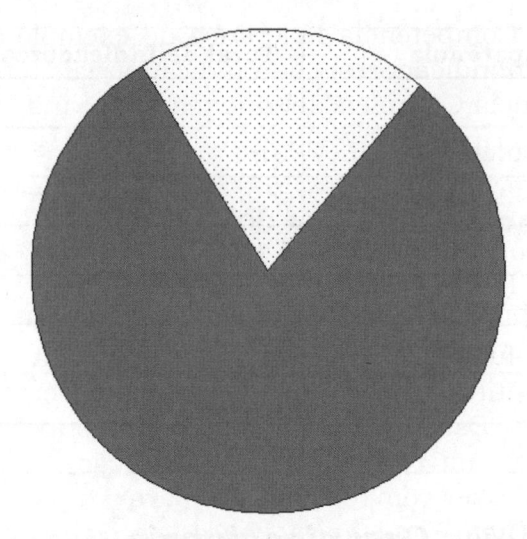

Figura: O Inventário Comportamental visualiza o significado da Competência para a empresa

Quando falamos simplesmente no título de uma competência temos um universo, representado pela circunferência completa da figura acima. É a Amplitude do conceito da Competência. Com o Inventário Comportamental temos a identificação precisa de qual o significado da competência para a Organização (a parte mais clara do círculo), por meio dos seus indicadores, que são de fato os comportamentos necessários para que a empresa possa cumprir sua Missão e Visão.

Início do Processo Matemático

Como cada competência possui uma quantidade de indicadores, o peso de cada indicador pode ser calculado de acordo com a fórmula:

$$\text{Peso Indicador} = \frac{\text{Nível Máximo da Escala}}{\text{Quantidade de Indicadores da Competência}}$$

Onde o Nível Máximo da Escala é fixo de acordo com a escala utilizada. Por exemplo, em uma escala de 0 a 5, o Nível Máximo será sempre 5.

Anexo III Metodologia do Inventário Comportamental **125**

Assim, na Competência Liderança do exemplo acima, como ela possui oito indicadores, cada indicador vale 0,625, enquanto a competência Organização, que tem cinco indicadores, cada um deles vale 1 ponto.

Competências de Cada Função

O próximo passo é identificar o *quanto* dessas Competências cada função precisa. São as Competências da Função.

Para cada função deve ser gerada uma lista com todos os indicadores apurados, sem mencionar as competências, apenas os indicadores. Essa lista é entregue para o superior da função que junto com um representante da função irá determinar a necessidade desses comportamentos para a função, classificando-os como: *Muito Forte, Forte, Pouco Necessário, Não se aplica*. É a construção do Perfil Comportamental ideal. Veja o exemplo:

Planilha de Mapeamento de Comportamentos Função:				
Comportamento	Muito Forte	Forte	Pouco Necessário	Não se aplica
Criar Estratégias que conquistem o cliente	X			
Trazer ideias para desenvolver os produtos já existentes				X
Trazer soluções criativas para os problemas que parecem difíceis de resolver		X		
Apresentar alternativas para melhor aproveitar os recursos orçamentários			X	
...	...	...	...	...

Figura: Formulário de Mapeamento de Comportamentos da função

Os comportamentos classificados como *Pouco Necessário* e *Não se Aplica* serão desprezados. Outras funções poderão utilizá-lo. Assim, aqueles marcados como *Muito Forte* e *Forte* são os comportamentos necessários para a função. Para cada competência aplica-se a fórmula do **NCF – Nível de Competência para Função**.

NCF – Nível de Competência para Função

$$NCF = \frac{\text{Nível Máximo da Escala}}{\text{Quantidade de Indicadores da Competência}} \times \text{Qtde. de Indicadores Marcados como } Muito\ Forte \text{ ou } Forte \text{ para a função}$$

Por exemplo, considerando a competência Liderança com oito indicadores e que para uma determinada função quatro desses indicadores tenham sido marcados como *Muito Forte* ou *Forte*, aplicando a fórmula do NCF temos:

$$NCF = \frac{5}{8} \times 4 = 2,5$$

Ou seja, a função em questão precisará de Liderança nível 2,5.

Esse nível é importante, pois será a representação gráfica que faremos da necessidade da competência para a função, mas o Inventário Comportamental oferece mais do que isso, traduzindo o que esses 2,5 representam, que são *os indicadores marcados como Muito Forte" ou Forte*. São esses indicadores (comportamentos) que os colaboradores dessa função precisam ter. São esses indicadores que devem ser procurados nos candidatos no processo de Avaliação e, também, Seleção por Competência, de forma clara e objetiva.

Competências de Cada Colaborador

Para determinar o **NCC – Nível de Competência do Colaborador** aplica-se a Avaliação Comportamental com Foco em

Anexo III Metodologia do Inventário Comportamental **127**

Competências, que pode ser desde a Autoavaliação, 90°, 180° ou 360°.

Novamente o Inventário Comportamental é utilizado, pois basta transformar os indicadores apurados nas perguntas da avaliação, tabulando a resposta em uma escala onde o avaliador analisa a frequência com a qual o avaliado apresenta cada um dos comportamentos.

Veja o exemplo:

Avaliado: Avaliador:	Avaliação Comportamental					
	Todas as vezes (100%)	Muitas Vezes (80%)	Com frequência (60%)	Poucas Vezes (40%)	Raramente (20%)	Nunca (0%)
Cria Estratégias que conquistem o cliente?						
Traz ideias para desenvolver os produtos já existentes?						
Traz soluções criativas para os problemas que parecem difíceis de resolver?						
Traz soluções quando faltam recursos para um projeto?						
...	...	...	...	...	...	...

Figura: Formulário de Coleta da Avaliação Comportamental

O cálculo do NCC deve ser feito para cada competência. O exemplo abaixo utiliza uma competência com oito indicadores, sendo que os indicadores sinalizados com um asterisco são os necessários para a função que o suposto avaliado exerce, ou seja, que foram marcados como *Muito Forte* ou *Forte*.

Opções ⇒ Pontos Equivalentes ⇒	Todas as vezes 5	Muitas Vezes 4	Com frequência 3	Poucas Vezes 2	Raramente 1	Nunca 0
Indicador 1	X					
Indicador 2		X				
Indicador 3 *		X				
Indicador 4 *			X			
Indicador 5					X	
Indicador 6 *		X				
Indicador 7			X			
Indicador 8 *			X			

Tabela de apuração da Avaliação Comportamental

Assim, considerando os indicadores 3, 4, 6 e 8 como necessários para a função, aplicando a fórmula do NCF, encontramos que essa função precisa de nível 2,5, conforme exemplo já apresentado.

O NCC tem duas variações e respectivas fórmulas, que são apresentadas seguidas de sua resolução utilizando as respostas da tabela acima:

NCCo = Nível de Competências do Colaborador, em relação à Organização

$$NCCo = \frac{\text{Soma dos pontos da Avaliação de todos os indicadores}}{\text{Quantidade de Indicadores da Competência}}$$

$$NCCo = \frac{28}{8}$$

NCCo = 3,5

Anexo III Metodologia do Inventário Comportamental **129**

NCCf = Nível de Competências do Colaborador, em relação à Função

$$NCCf = \frac{\text{Soma dos pontos da Avaliação somente dos indicadores necessários para a função}}{\text{Quantidade de Indicadores da Competência}}$$

$$NCCf = \frac{14}{8}$$

NCCf = 1,75

Portanto temos:

NCF =	2,5
NCCo =	3,5
NCCf =	1,75
Gap em relação ao NCCf =	0,75

O NCCf demonstra o nível de competência do colaborador em relação à função que ele exerce, ou seja, se comportamentalmente ele atende as exigências da função.

O NCCo demonstra o nível de competência do colaborador em relação à organização, ou seja, é tudo o que o colaborador tem daquela competência. Isso permite constatar se o colaborador é um talento ou ainda se ele pode ser aproveitado em outra função, pois muitas vezes encontramos o colaborador com um alto potencial em uma competência, porém com um *gap* dessa mesma competência em relação à função que exerce.

Mas o mais importante não é dizer que o *gap* do colaborador é de 0,75, mas sim ter a identificação dos indicadores em que ele foi pior avaliado e, sobre eles, fazer efetivamente o *Feedback* para Resultados e traçar o plano de treinamento e desenvolvimento específico, o que irá reduzir seu *gap* e aumentar seu potencial, permitindo que a organização trabalhe com a visão de futuro da avaliação, que é desenvolver o colaborador.

ANEXO IV

O Conceito de Complexidade e o Espaço Ocupacional
(Exclusivo da versão impressa)

Por que o termo Complexidade e não Responsabilidade?

Uma vez que a perspectiva Complexidade avalia a qualidade com que o colaborador executa suas responsabilidades – atribuições – você pode estar curioso em querer saber o porquê do termo complexidade e não responsabilidade nesta perspectiva.

O fato é que as responsabilidades que o colaborador executa dimensionam o nível de complexidade da sua função.

Conforme subimos na hierarquia da organização, maiores são os impactos e dificuldades de execução das atribuições de uma função. Esses fatos, assim como funções que necessitem de alta especialização, caracterizam o grau de complexidade de uma função.

Portanto, o objetivo ao avaliar um colaborador nesta perspectiva é, justamente, perceber qual o grau de complexidade que o colaborador está apto a exercer.

Le Boterf, autor francês, em seu livro *Desenvolvendo a Competência dos Profissionais*, define como profissional *aquele que administra uma situação profissional complexa*. Dutra complementa o significado de complexidade como *o conjunto de características objetivas de uma situação as quais estão em um processo contínuo de transformação*.

Portanto, os itens que contemplam esta perspectiva não são processuais e podem sofrer *mutações* a cada nova execução, exigindo a aplicação de conceitos, a materialização de ideias, a análise da interdependência entre as tarefas, enfim, como a própria definição do dicionário para o termo complexidade diz, a execução dessas atividades *abrange ou encerra muitos elementos ou partes*.

Para ter um sistema de Gestão de Pessoas Estratégico é preciso conhecer qual o grau de complexidade que os colaboradores executam e que possam vir a executar, justamente para canalizar os esforços e montar a estratégia para atingir os resultados organizacionais, materializando a visão da instituição.

Existem graus diferentes de complexidade nas responsabilidades executadas pelos colaboradores e, para poder mensurá-los, apresentamos um conceito da classificação de impacto e dificuldade para cada responsabilidade.

Classificação do Grau de Complexidade das Atribuições

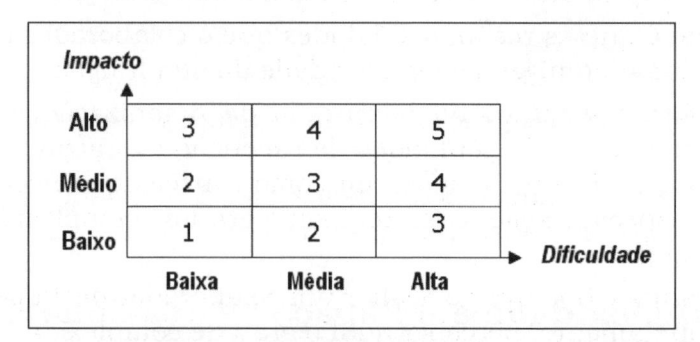

Impacto \ Dificuldade	Baixa	Média	Alta
Alto	3	4	5
Médio	2	3	4
Baixo	1	2	3

Classificação de Impacto e Dificuldade das Responsabilidades, base para gerar a Complexidade da Função

Anexo IV O Conceito de Complexidade e o Espaço Ocupacional **133**

Do cruzamento da dificuldade e do impacto, encontramos o grau complexidade da responsabilidade. Por exemplo, uma responsabilidade com dificuldade média e alto impacto na organização é classificada com grau 4 e outra de mesma dificuldade, mas baixo impacto, será grau 2.

O fluxo a seguir traz uma sequência para a classificação de Impacto e Dificuldade das atribuições de uma função. É importante ressaltar que a análise do impacto e da dificuldade deve ser feita na instância direta, pois caso contrário todas as classificações provavelmente terão classificação Alta/Alto, o que não é coerente.

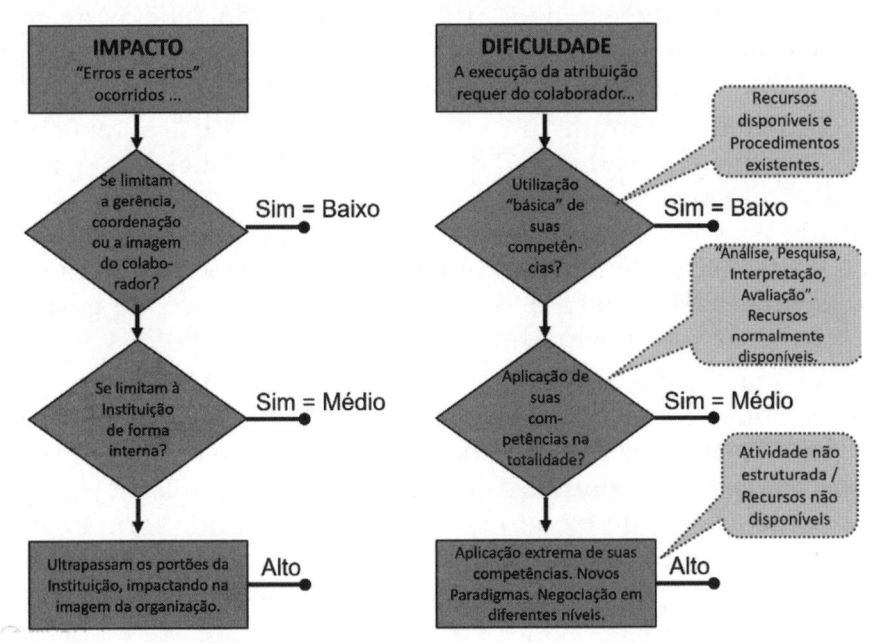

IMPACTO
"Erros e acertos" ocorridos...

- Se limitam a gerência, coordenação ou a imagem do colaborador? **Sim = Baixo**
- Se limitam à Instituição de forma interna? **Sim = Médio**
- Ultrapassam os portões da Instituição, impactando na imagem da organização. **Alto**

DIFICULDADE
A execução da atribuição requer do colaborador...

- Utilização "básica" de suas competências? **Sim = Baixo** — Recursos disponíveis e Procedimentos existentes.
- Aplicação de suas competências na totalidade? **Sim = Médio** — "Análise, Pesquisa, Interpretação, Avaliação". Recursos normalmente disponíveis.
- Aplicação extrema de suas competências. Novos Paradigmas. Negociação em diferentes níveis. **Alto** — Atividade não estruturada / Recursos não disponíveis

Diretrizes de Classificação da Complexidade de uma Atribuição

Os conceitos aqui apresentados são generalistas, cabendo adaptações para cada empresa onde a metodologia for aplicada.

A Complexidade e o Espaço Ocupacional

Alguns relevantes conceitos sobre competências tratam de um assunto chamado Espaço Ocupacional, que muitas vezes é um conceito difícil de visualização e compreensão pelas pessoas, por ser uma questão muito técnica em Gestão por Competências.

Meu desafio aqui é apresentar esse conceito de maneira que ele seja facilmente compreendido pelos gestores que precisam enxergá-lo e qual a sua aplicação prática.

Segundo a metodologia da Avaliação de Desempenho com Foco em Competências, um colaborador possui determinado nível de competência por um número chamado Coeficiente de Desempenho do Colaborador.

No dia a dia, é comum que os gestores distribuam as atribuições e metas aos colaboradores que lidera de forma empírica, sem o auxílio de sistemas, utilizando as competências de cada colaborador de forma a tentar obter melhores resultados e que estes sejam atingidos mais rapidamente.

Também é comum um colaborador que consiga responder positivamente a cada novo desafio que lhe é concedido, ganhar mais confiança do seu gestor, chegando ao ponto, muitas vezes, até de ser sufocado com o acúmulo de trabalhos, comparando-o com um colega de mesma função que não responde na mesma velocidade. Isto passa a ser um grande problema de gestão e certamente você já viu essa cena.

A cada desafio vencido, a cada resultado gerado, a cada tarefa executada, o colaborador vai adquirindo mais competências, mais respeito, mais credibilidade e mais espaço na organização. Não exatamente conquistando novas funções, pois nesta análise, considere que ele ainda não foi reconhecido formalmente com uma nova função ou promoção.

Esse espaço que o colaborador vai ganhando refere-se às suas competências técnicas e comportamentais. As metas que ele passa a desenvolver são mais complexas, ele passa a cumprir suas responsabilidades não apenas de forma perfeita, exatamente como deve ser ou como havia sido planejado quando foi elaborada a descrição de função, mas de forma até a superar, de fazer além daquilo que está registrado na descrição de função, agregando valor ao seu trabalho e à organização.

Essas características se resumem no chamado Espaço Ocupacional, foco desta discussão.

Anexo IV O Conceito de Complexidade e o Espaço Ocupacional

O método proposto pela Metodologia da Avaliação de Desempenho com Foco em Competências para a quantificação do Espaço Ocupacional está baseado na avaliação da qualidade com que o colaborador executa suas responsabilidades, ou seja, a perspectiva complexidade da Avaliação de Desempenho com Foco em Competências.

Você pode concluir que a minha explicação no parágrafo anterior vai além das responsabilidades, tangendo as competências, mas a aplicação das competências resulta nas ações que os colaboradores executam, como por exemplo, as responsabilidades.

Portanto, ao avaliar as responsabilidades, temos condições de avaliar se o colaborador está aquém ou além da complexidade do espaço ocupacional que ele pode exercer.

Vou utilizar a imagem de um copo d'água para fazer uma metáfora, sendo que a água depositada no copo representará o espaço ocupacional do colaborador.

Cada função tem suas responsabilidades, e uma vez classificados o impacto e a dificuldade, pode ser determinado o grau de complexidade da função e que, na metáfora, caracterizam o tamanho do copo d'água.

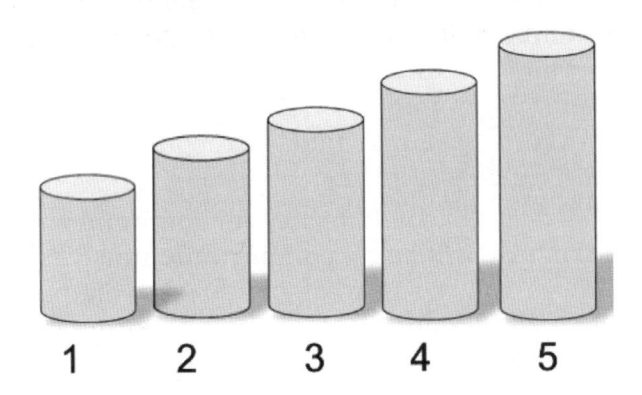

Metáfora do Copo d'água para a avaliação do Espaço Ocupacional do Colaborador

Se um colaborador cumprir todas suas responsabilidades de forma precisa, ele será 100%, ou seja, ele colocará água no copo o suficiente para que o copo fique completo, até a borda.

Da mesma forma, se um colaborador cumprir suas responsabilidades de forma boa, o que equivale a 80% de acordo com a escala adotada, faltará água no copo.

Se as responsabilidades forem classificadas como supera, ou seja, mais do que 100%, o copo d'água irá transbordar, evidenciando que o colaborador precisa de um copo d'água maior.

Isso equivale a dizer que o colaborador está com o seu espaço ocupacional transbordando, ou seja, o seu espaço ocupacional é maior do que a função que ele executa. Tal fato indica que esse colaborador tem condições de executar responsabilidades mais complexas e podemos e devemos explorar essas características nele.

Temos assim uma importante informação para contribuir para o melhor aproveitamento do profissional.

Claro que, apenas a análise da complexidade não é o único fator decisório para a movimentação funcional de um colaborador. Também devem ser consideradas as suas competências técnicas e comportamentais, além de sua capacidade em atingir resultados compatíveis com os necessários na nova função, não esquecendo também de considerar seus interesses profissionais e pessoais.

Encerramento

Espero que os conceitos, reflexões e troca de experiências tenham contribuído para seu desenvolvimento e um olhar para encontrar *O Futuro da Avaliação de Desempenho* para a sua empresa.

Os desafios certamente são enormes, porém com preparação, foco e disciplina você irá superar o desafio de levar a empresa para a Cultura da Gestão do Desempenho.

Gostaria de encerrar relembrando um trecho que conversamos lá no Capítulo 2, sobre o perfil do profissional do futuro, dizendo que ele:

- Deve estar preparado para aquilo que não se sabe o que é, afinal não sabemos o que o futuro reserva, ainda mais na velocidade que está o mundo, que faz esse futuro trazer novas funções e competências na mesma velocidade que ele as extingue;
- Deve ter agilidade de aprender e de se adaptar;
- Deve ser responsável pelo seu próprio desenvolvimento.

Que você seja um profissional de futuro com muito sucesso!

Se você tiver alguma dúvida ou comentário a fazer, ficaremos muito contentes que você compartilhe conosco.

RogerioLeme
rogerio@lemeconsultoria.com.br
Facebook: /rogeriolemeoficial

Renan Sinachi
renan@ lemeconsultoria.com.br
Facebook: /renan.sinachi

Até breve e muito sucesso na Gestão de Pessoas.

Os autores

Bibliografia

HIPÓLITO, J. A. M. *Administração Salarial*: a remuneração por competências como diferencial competitivo. São Paulo: Atlas, 2001.

Revista de Gestão USP, São Paulo, v. 14, n. 2, p. 61-76, abril/junho 2007.

KOCHANSKI, J. Mais e melhores competências. *HSM Management*, p. 24-28, nov./dez. 1998.

MARGERISON, C. J.; ASHTON, D. *Planning for Human Resources*. London: Longman, 1974.

MAXIMIANO, A. C. A. *Introdução à Administração*. São Paulo: Atlas, 1981.

MOHAMED, Z.; LEONARD, P. *Benchmarking Prático*: o guia completo. São Paulo: Editora Atlas, 1995.

LEME, Rogerio. *Aplicação Prática de Gestão de Pessoas por Competências – Mapeamento, Treinamento, Seleção, Avaliação e Mensuração de Resultados de Treinamento*. Rio de Janeiro: Qualitymark Editora, 2005.

LEME, Rogerio. *Avaliação de Desempenho com foco em Competências – A Base para Remuneração por Competências*. Rio de Janeiro: Qualitymark Editora, 2006.

LEME, Rogerio. *Gestão por Competências no Setor Público*. Rio de Janeiro: Qualitymark Editora, 2011.

PATTEN JR., T. H. *Manpower Planning and the development of human resources*. Canadá: JohnWilley& Sons Inc., 1971.

SELLTIZ, C.; JAHODA, M.; DEUTCH, M.; COOK, S. W. *Métodos de Pesquisa nas Relações Sociais*. São Paulo: Ed. Pedagógica e Universitária, 1974.

TRIVIÑOS, A. N. S. *Introdução à pesquisa em Ciências Sociais.* São Paulo: Atlas, 1987.

YIN, R. K. *Estudo de Caso* – Planejamento e Métodos. Porto Alegre: Bookman, 2001.

Sobre os autores

Rogerio Leme

Formado em Tecnologia Digital – Engenharia de Produção, MBA em Gestão de Pessoas pela FGV-SP, empresário, consultor de empresas, autor, palestrante e facilitador de treinamentos. É Diretor Presidente da Leme Consultoria, Diretor de Tecnologia da ABRH-Brasil – Associação Brasileira de Recursos Humanos – gestão 2016/2018, e foi Diretor de Estudos de Desenvolvimento Organizacional da ABRH-Brasil na gestão 2013/2015.

Especializado em Gestão por Competências, é autor da Metodologia do Inventário Comportamental para Mapeamento de Competências, que utiliza escala comprovada matematicamente para a mensuração de competências comportamentais, reduzindo a subjetividade do processo de mapeamento e avaliação e da Metodologia da Avaliação de Desempenho com Foco em Competências que mensura a entrega do colaborador ou servidor para a instituição em um conceito amplo de Competências.

É autor da Metodologia do BSC-Participativo, uma metodologia que auxilia na implantação do *Balanced Scorecard*.

Possui os seguintes livros publicados:

- Aplicação Prática de Gestão de Pessoas por Competências
- Avaliação de Desempenho com Foco em Competência – A base para a Remuneração por Competências
- Seleção e Entrevista por Competências com o Inventário Comportamental
- *Feedback* para Resultados na Gestão por Competências pela Avaliação 360 o

142   O Futuro da Avaliação de Desempenho

- Gestão do Desempenho integrando Avaliação e Competências com o Balanced Scorecard, com coautoria de Marcia Vespa
- T&D e a Mensuração de Resultados e ROI de Treinamento Integrado ao BSC
- Gestão por Competências no Setor Público, como organizador e autor
- Remuneração: Cargos e Salários ou Competências?, em coautoria com Romeu Huczok
- [Re]Descobrindo a Matriz *Nine Box*
- Gestão do Dimensionamento da Força de Trabalho
- O Futuro da Avaliação de Desempenho, com coautoria de Renan Sinachi

Como consultor e responsável técnico, atuou em diversos projetos em empresas públicas e privadas, entre elas:

Órgãos Públicos: Secretaria do Tesouro Nacional, Caixa Econômica Federal, CETEA, Tribunal Regional do Trabalho – Belém, Tribunal de Contas do Estado – Mato Grosso, SEFAZ – Mato Grosso, Tribunal Regional do Estado – MG, SAEB, Prefeitura de Cuiabá, Tribunal Regional do Trabalho – 20ª Região, Tribunal de Contas do Estado – MT, Tribunal Regional do Estado – BA, Tribunal de Justiça – BA, Tribunal de Justiça – RO.

Empresas privadas: SENAC-SC, Santa Casa de Misericórdia de Maceió, SGD Brasil (Grupo Saint-Gobain), Tintas Coral, contém 1g, Hospital Aliança, CETEA, Emulzint, SaarGumi, Piramidal, Prosoft, Aon Affinity, Caixa Seguros, Cereser, Dixie Toga, Click Automotiva, Móveis Rudnick, Grupo Petrópolis, Cia Fluminense – Coca Cola, Facchini, FIERO, Giroflex, Jaraguá Equipamentos, Nissin, Escola Bahiana de Medicina e Saúde Pública, Laboratório Leme, SBP – Sociedade Brasileira de Patologia.

Como Diretor Presidente da Leme Consultoria, especializada em Desenvolvimento Humano e Tecnologia em Gestão de Pessoas, posicionou a empresa com o diferencial de sistematizar os processos de gestão de pessoas e de estratégia empresarial, transformando-as em soluções práticas, inovadoras e acessíveis às empresas. Suas experiências, na área de sistemas, permitem que os projetos da Leme tenham o apoio de *softwares* desenvolvidos pela própria consultoria, proporcionando agilidade, qualidade e efetividade nas implantações em empresas de todos os portes, de origem pública e privada.

É conferencista, palestrante e facilitador de treinamentos abertos e *in company* em todo o Brasil.

Contatos:
Rogerio Leme
rogerio@lemeconsultoria.com.br
facebook: /rogeriolemeoficial

Leme Consultoria
www.lemeconsultoria.com.br
(11) 4401.1807

Renan Sinachi

É Diretor de Gestão e Estratégia da Leme Consultoria. Autor, Consultor e palestrante. Congressista e facilitador de treinamentos no Brasil e no exterior. Graduado em *Marketing* com MBA em Gestão de Pessoas pela FGV, com extensão em Pedagogia de Adultos, além de especialização em Comunicação e Negociação pela Sociedade Brasileira de Programação Neurolinguística e especialista em governança de RH para *Small Caps*.

Possui os seguintes livros publicados:

- Gestão por Competências no Setor Público, em coautoria com Rogerio Leme
- O Futuro da Avaliação de Desempenho, em coautoria com Rogerio Leme

Como consultor e responsável técnico, atuou em diversos projetos em empresas públicas e privadas, entre elas:

Órgãos Públicos: Secretaria do Tesouro Nacional, Caixa Econômica Federal, CETEA, Tribunal Regional do Trabalho – Belém, Tribunal de Contas do Estado – Mato Grosso, SEFAZ – Mato Grosso, Tribunal Regional do Estado – MG, SAEB, Prefeitura de Cuiabá, Tribunal Regional do Trabalho – 20ª Região, Tribunal de Contas do Estado – MT, Tribunal Regional do Estado – BA, Tribunal de Justiça – BA, Tribunal de Justiça – RO.

Empresas privadas: SENAC-SC, Santa Casa de Misericórdia de Maceió, SGD Brasil (Grupo Saint-Gobain), Tintas Coral, contém 1g, Hospital Aliança, CETEA, Emulzint, SaarGumi, Piramidal, Prosoft, Aon Affinity, Caixa Seguros, Cereser, Dixie Toga, Click Automotiva, Móveis Rudnick, Grupo Petrópolis, Cia Fluminense – Coca Cola, Facchini, FIERO, Giroflex, Jaraguá Equipamentos, Nissin, Escola Bahiana de Medicina e Saúde Pública, Laboratório Leme, SBP – Sociedade Brasileira de Patologia.

Contatos:
Renan Sinachi
renan@lemeconsultoria.com.br
facebook: /renan.sinachi

Leme Consultoria
www.lemeconsultoria.com.br
(11) 4401.1807

Outros livros de Rogerio Leme

Aplicação Prática de Gestão de Pessoas por Competências

Este livro é o Guia para Gestores de Pessoas e de Recursos Humanos no que se refere à Gestão por Competências. Por meio de uma metodologia extremamente simples, o Inventário Comportamental para Mapeamento de Competências, o autor apresenta ferramentas práticas, acessíveis e realmente possíveis de serem implementadas, atendendo as seguintes expectativas:

- Mapeamento de Competências;
- Avaliação com Foco em Competências;
- Treinamento com foco em Competências;
- Seleção por Competências.

E ainda apresenta caminhos concretos para que sejam mensurados e comprovados os Resultados de Treinamentos.

Um dos destaques é a comprovação matemática da metodologia, que reduz a subjetividade existente nos processos tradicionais de mapeamento. É a única metodologia comprovada matematicamente disponível na literatura.

Por meio de uma linguagem simples, esta obra atende os interesses e necessidades de Gestores de todos os portes de empresa, sem exceção, servindo também como referência para nível acadêmico.

Aplicação Prática de Gestão por Competências tem uma meta ambiciosa, porém realista: fazer com que o leitor possa realmente implantar Gestão por Competências utilizando os recursos da sua própria empresa.

Avaliação de Desempenho com Foco em Competência – A base para a Remuneração por Competências

Este livro apresenta uma ampliação do conceito de competência que vai além do tradicional CHA – Conhecimento, Habilidade, Atitude –, visualizando o que o colaborador efetivamente entrega para a organização. É o conceito de Entrega.

Este conceito é fundamental para que as empresas tenham argumentos precisos para avaliar o Desempenho do Colaborador, mas não como no método tradicional de avaliação de desempenho, e sim a Avaliação de Desempenho com Foco em Competências.

Após diversos estudos e pesquisas, foi observada a escassez de literatura que apresente de forma clara, prática e objetiva como efetivamente implantar a Remuneração por Competências. Há sim, muitas literaturas, mas elas não detalham como fazer e, principalmente, a possibilidade de aplicação coerente com a estrutura das empresas; a *Avaliação de Desempenho com Foco em Competência* vem suprir essa lacuna.

O objetivo desta obra é apresentar de forma didática e prática construção de ferramentas de avaliação que, juntas, irão compor o Coeficiente de Desempenho do Colaborador, que retrata a sua entrega à organização, de forma alinhada ao conceito de ampliação do CHA das competências, sendo esse uma referência comprovada para a Remuneração com Foco em Competências.

Por meio de uma linguagem simples, esta obra atende aos interesses e necessidades de Gestores de todos os portes da empresa, sem exceção, servindo também como referência para nível acadêmico.

Seleção e Entrevista por Competências com o Inventário Comportamental – Guia Prático do Processo Seletivo para a redução da subjetividade e eficácia na Seleção

Seleção e Entrevista por Competências com o Inventário Comportamental é um guia prático para os profissionais ou empresas que já atuam ou possuam recrutamento e seleção e queiram se aprimorar, assim como para Gestores de Pessoas, profissionais iniciantes ou empresas que queiram implantar essa Ferramenta. Também é recomendado para estudantes e professores para servir como referencial e suplemento didático.

A Metodologia apresentada propõe uma ampliação do conceito de Competências, indo além do CHA – Conhecimentos, Habilidades, Atitudes –, trazendo a identificação no candidato de Competências Técnicas e Comportamentais, Resultados, grau de Complexidade e ainda com Valores, identificando a compatibilidade entre o candidato, perfil da vaga e Cultura Organizacional.

Feedback para Resultados na Gestão por Competências pela Avaliação 360o — Guia Prático para Gestores do "Dar e Receber" Feedback e a Transformação em Resultados

Feedback para Resultados é um guia prático para a implantação da ferramenta de Avaliação Comportamental por meio da Avaliação 360° e do preparo de Gestores de como *dar e receber feedbacks,* de forma a promover a transformação de equipes para o alcance dos resultados organizacionais.

Utilizando uma linguagem clara e direta, este livro contribui para a atualização de instrumentos importantes do RH e sua adaptação à realidade e exigência do mercado globalizado em que vivemos.

Feedback para Resultados é recomendado para Gestores, RH, professores e estudantes de diversas áreas, dentre elas Recursos Humanos e Administração, enfim, a todos os profissionais que lideram equipes e precisam promover a transformação de resultados nas organizações.

Gestão do Desempenho integrando Avaliação e Competências com o Balanced Scorecard

Gestão do Desempenho integrando Avaliação e Competências com o Balanced Scorecard é um guia prático para utilização da Gestão do Desempenho contemplando a integração dos instrumentos de Avaliação de Competências, Avaliação de Desempenho e de Estratégia Empresarial que utilizam o *Balanced Scorecard*.

Utilizando os conceitos da Avaliação de Desempenho com Foco em Competências e do *Balanced Scorecard*, o autor demonstra como ocorrem essas integrações na prática, apresentando um instrumento essencial na Gestão do Desempenho, o PDC – Painel de Desempenho do Colaborador, que possibilita ao gestor visualizar os fatores que interferem no desempenho do colaborador, permitindo que ele aja proativamente para que a Visão da empresa seja atingida.

Recomendado para Gestores, RH, professores e estudantes de diversas áreas, dentre elas Recursos Humanos e Administração, enfim, a todos os profissionais que lideram equipes e precisam promover a transformação da sua empresa, gerando resultados.

T&D e a Mensuração de Resultados e ROI de Treinamento Integrado ao BSC

Este livro é uma obra prática, direta, objetiva, no estilo *passo a passo*, que apresenta uma abordagem contemporânea para o Levantamento de Necessidade de Treinamento, tornando-a mais eficiente e eficaz.

Apresenta também como executar a Mensuração dos Resultados de Treinamento, desde a avaliação de reação, passando pela avaliação de aprendizagem, comportamental de resultados e ainda o cálculo do ROI de Treinamento, além de trazer como fazer a integração dessas mensurações com o *Balanced Scorecard*, dando um enfoque estratégico para estas ações e para a área de Recursos Humanos.

T&D e a Mensuração de Resultados e ROI de Treinamento Integrado ao BSC é recomendado para Gestores, RH, professores e estudantes de diversas áreas, dentre elas Recursos Humanos e Administração, enfim, a todos os profissionais que lideram equipes e precisam promover a transformação da sua empresa, gerando resultados.

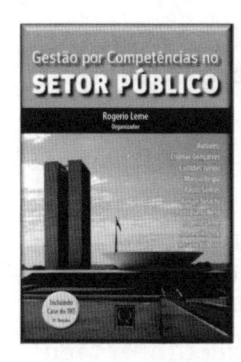

Gestão por Competências no Setor Público

Autor e Organizador

Autores: Elsimar Gonçalves, Euclides Junior, Marcia Vespa, Paulo Santos, Renan Sinachi, Rodopiano Neto, Rogerio Leme, Romeu Huczok e Rosane Ribeiro

Gestão por Competências no Setor Público é um livro que apresenta a aplicação prática desta importante ferramenta de gestão de pessoas, porém considerando as questões específicas e particulares da cultura das instituições públicas.

Os princípios da motivação humana e as diretrizes de liderança, na realidade, independem das características da empresa – pública ou privada. Entretanto, ao aplicar a Gestão por Competências no serviço público, a cultura e a maneira de superar os desafios do projeto são especiais nesse setor, em função das relações trabalhistas serem diferentes do setor privado, tais como o concurso público, o estágio probatório, a estabilidade do servidor, entre outras.

Este livro traz como implantar a Gestão por Competências, pautadas nas metodologias do Inventário Comportamental para Mapeamento de Competências e da Avaliação de Desempenho com Foco em Competências, apresentadas de maneira estruturada, sem ser uma simples coleção de textos dos autores.

Remuneração: Cargos e Salários ou Competências?

O objetivo deste livro é proporcionar aos profissionais da área de gestão de pessoas, gestores de diversas áreas, empresários, professores, consultores, estudantes, advogados, juízes, sindicalistas, uma visão sistêmica numa linguagem simples de duas ferramentas bastante utilizadas, os famosos planos de cargos e salários, e a moderna gestão por competências.

Primeiro, para entender, segundo, sobre como utilizá-las dentro das empresas, buscando a efetividade dos negócios, qualidade, produtividade, por meio da atração, retenção de pessoas e desenvolvimento humano. Terceiro, uma particularidade importante, atender a legislação trabalhista brasileira, evitando prejuízos.

Para ter sucesso na implantação de Plano de Cargos, foi dado um enfoque especial à importância do envolvimento das lideranças nos processos de implantação de projetos de R.H.

Outra atenção especial é o Setor Público, tão carente de ferramentas nessa área. Contemplamos as organizações públicas com um capítulo específico a elas dedicado.

[Re]Descobrindo a Matriz *Nine Box*

Quem são e onde estão os talentos e os potenciais da sua empresa? Como gestor, certamente você já passou por algum momento difícil, inclusive olhando para sua equipe e buscando entender as dificuldades e limitações de cada membro do time para fazer algo com o objetivo de superar os desafios do dia a dia.

Quando a equipe é pequena, fazer a análise de potencial e talento é uma ação quase empírica. Agora, imagine fazer esta análise com dez, vinte ou trinta pessoas? E ainda, imagine em uma empresa com cem, mil, cinco mil ou mais colaboradores, então?

Quem são e onde estão os talentos da sua empresa? Quem são e como fazer para identificar quais são aqueles que são potenciais e que precisam ascender na organização? Será que não deveríamos fazer uma leitura diferente entre desempenho e potencial? Quais as diferenças conceituais e práticas? Como identificar e, principalmente, como visualizar o posicionamento desses colaboradores dentro da organização?

Estas são as perguntas que este livro se propõe a responder utilizando uma ferramenta chamada Matriz *Nine Box*, porém com uma ressalva: utilizando recursos para reduzir a subjetividade.

Se você não conhece essa ferramenta, esta é uma oportunidade para você Descobrir a Matriz *Nine Box*. Se você já a conhece, fica o convite para [Re]Descobrir a Matriz *Nine Box* com a análise de Competência e Entrega, justamente o que permite reduzir a subjetividade da análise de potencial, e não como é aplicada tradicionalmente com a análise de Competência e Potencial.

Gestão e Dimensionamento da Força de Trabalho

Gestão e Dimensionamento da Força de Trabalho para Empresas Públicas e Privadas apresenta técnicas para que você possa organizar e estruturar as atividades a serem realizadas pelas áreas da sua empresa e, a partir dessas informações, determinar os quantitativos de demanda e volume para a identificação da Força de Trabalho necessária, aplicadas principalmente a áreas não fabris, ou seja, que não estão ligadas a uma linha de produção industrial.

Este livro apresenta dois importantes diferenciais. O primeiro é uma técnica chamada MAP – Mapa de Atribuições por Produtos, que utiliza os princípios do mapeamento de processos, porém de maneira mais prática, realizada em menor tempo e integrada a um modelo de Gestão por Competências.

O segundo diferencial é a Gestão do Dimensionamento da Força de Trabalho, que transforma a informação estática gerada pelo dimensionamento em uma ferramenta dinâmica, estratégica e que promoverá a transformação de uma nova cultura de produtividade em sua organização.

Mas, por onde começar, quais as variáveis a serem consideradas, como estruturar um projeto de DFT e depois, o que fazer para evoluir para a GDFT? Você encontrará neste livro as respostas para essas questões e as diretrizes para a evolução da importante informação, porém estática, que o DFT gera, em uma ferramenta dinâmica, estratégica e que promoverá a transformação de uma nova cultura de produtividade em sua organização: a Gestão do Dimensionamento da Força de Trabalho.